L'IMPÒT DU TIMBRE

TEXTES LÉGISLATIFS ET RÉGLEMENTAIRES

MINISTÈRE DES FINANCES

DIRECTION GÉNÉRALE DE L'ENREGISTREMENT
DES DOMAINES ET DU TIMBRE

L'IMPÔT DU TIMBRE

TEXTES LÉGISLATIFS ET RÉGLEMENTAIRES

EN VIGUEUR AU 31 DÉCEMBRE 1921

A L'EXCEPTION DE CEUX CONCERNANT LES VALEURS MOBILIÈRES

ET LES ASSURANCES

PRÉSENTÉS AVEC UNE TABLE ANALYTIQUE EN TÊTE DE L'OUVRAGE

ET UNE TABLE ALPHABÉTIQUE À LA FIN

PARIS

IMPRIMERIE NATIONALE

1922

MINISTÈRE DES FINANCES

DIRECTION GÉNÉRALE DE L'ENREGISTREMENT
DES DOMAINES ET DU TIMBRE

L'IMPÔT DU TIMBRE

TEXTES LÉGISLATIFS ET RÉGLEMENTAIRES

EN VIGUEUR AU 31 DÉCEMBRE 1921

À L'EXCEPTION DE CEUX CONCERNANT LES VALEURS MOBILIÈRES

ET LES ASSURANCES

PRÉSENTÉS AVEC UNE TABLE ANALYTIQUE EN TÊTE DE L'OUVRAGE

ET UNE TABLE ALPHABÉTIQUE À LA FIN

PARIS

IMPRIMERIE NATIONALE

1922

INTRODUCTION.

NOTIONS GÉNÉRALES SUR L'IMPÔT DU TIMBRE.

Définition. — Dans son acception générale, *le timbre* est l'empreinte, le signe, la marque, la vignette constatant le payement d'une taxe établie par la loi, dans des conditions déterminées, au profit du Trésor public.

Au sens fiscal du mot, le *timbre* désigne également la taxe elle-même à laquelle sont assujettis les papiers employés à la rédaction des *actes et écrits*.

Historique. — La formalité du timbre est fort ancienne ; son origine remonte au temps des Romains. Tout d'abord, elle n'avait pas un caractère fiscal.

L'usage du papier ou du parchemin timbré, avec son caractère actuel, n'apparut en Europe qu'au xvie siècle ; et ce n'est que plus tard encore qu'on tenta d'établir le timbre en France, par un édit du 20 mars 1655, enregistré au Parlement de Paris dans un lit de justice tenu par Louis XIV. Cet édit resta d'ailleurs lettre morte.

L'institution de l'impôt du timbre en France date, en réalité, de l'édit du 22 avril 1673, qui fixait le tarif des droits exigibles.

La loi organique du 13 brumaire an VII. — Sous l'ancien régime et pendant la période révolutionnaire, l'impôt du timbre subit des modifications nombreuses et importantes, et il faut arriver jusqu'à la loi organique du 13 brumaire an VII

(3 novembre 1798) pour trouver l'instrument qui forme encore aujourd'hui la base essentielle de la législation sur le timbre.

En tant qu'elle apporte des changements essentiels à la perception et à la manutention du droit de timbre, cette loi est une loi de finances. Elle constituait, en même temps, à l'époque où elle est intervenue, un règlement complet sur la matière; le plan en est logique et rappelle, dans ses lignes principales, celui si raisonné et si méthodique de la loi fondamentale sur l'enregistrement du 22 frimaire an VII.

Après avoir indiqué, sous le titre premier, que la contribution du timbre est de deux sortes: l'une qui frappe les papiers d'après leur dimension, l'autre qui est graduée suivant les sommes à exprimer dans les effets négociables ou de commerce, la loi fixe la dimension des papiers qui seront dorénavant fabriqués au filigrane de la Régie. Dans son titre II, elle établit la nomenclature des actes et registres assujettis au timbre de dimension et des effets soumis au timbre proportionnel. Le titre III énumère les actes et registres non soumis à la formalité du timbre. Un titre IV est consacré aux obligations respectives des officiers publics et ministériels, des diverses autorités publiques et des citoyens. Enfin, le titre V et dernier est consacré à des dispositions particulières.

L'évolution et le développement de l'impôt du timbre. — Depuis lors, de très nombreuses lois ont introduit des changements dans les œuvres vives de la loi organique, et parfois à la base même de l'impôt. Chaque jour, en effet, avec les progrès du commerce et de l'industrie, avec le développement de la richesse publique, sont entrés dans les usages une infinité d'écrits de toute nature, peu usités ou inconnus sous l'empire de la loi de brumaire et que la fiscalité moderne a dû atteindre afin de satisfaire aux besoins toujours croissants du Trésor public.

Sous la pression de plus en plus grande des nécessités budgétaires, notamment à la suite des guerres de 1870-1871 et de 1914-1918, de nouveaux droits de timbre ont été créés ; les conditions d'application de l'impôt et les tarifs eux-mêmes ont fait l'objet de fréquents remaniements, soit par voie de simples majorations, soit par l'introduction de taux gradués ou même proportionnels à l'importance des matières taxées. Tour à tour furent ainsi frappés les titres des sociétés et des fonds d'États étrangers, les polices d'assurances, les affiches, les récépissés de chemins de fer, les lettres de voiture, les chèques, les quittances, les connaissements, les marques de fabrique, les rôles d'équipage, les passeports, les permis de chasse, les opérations de bourse, les cartes et permis de circulation, les ordres de virements en banque, les actes d'avances sur titres, les cartes d'entrée dans les cercles et casinos, les bulletins n° 3 du casier judiciaire, etc.

Objet de la présente publication ; son utilité pratique. — Par suite de ces changements successifs, de la multiplicité des textes qui régissent aujourd'hui la matière et des nombreuses exceptions concédées par le législateur, l'application de l'impôt du timbre est devenue particulièrement délicate. C'est pourquoi, dans un but de simplification et de vulgarisation, il a paru à propos de procéder à un travail de coordination de toutes les dispositions législatives ou réglementaires actuellement en vigueur ; cet important travail fait l'objet du présent ouvrage.

Il classe et présente dans un ordre clair et logique, par titres et chapitres, les textes dont il s'agit, reproduits le plus fidèlement possible, mais soigneusement expurgés des dispositions abrogées ou caduques, de sorte que l'on peut ainsi embrasser facilement toute la matière. Chaque disposition figure sous un paragraphe distinct et numéroté rappelant, entre parenthèses, les textes dont elle est tirée. Enfin une table méthodique et une table alphabétique permettent de se reporter facilement aux différents paragraphes de l'ouvrage.

Cet ouvrage, mis à jour jusqu'au 31 décembre 1921, constituera donc, on l'espère, pour les agents du service de l'Enregistrement, un très précieux instrument de travail, et pour les diverses administrations publiques ou privées, les officiers publics ou ministériels, les sociétés et compagnies, les hommes d'affaires, et, d'une façon générale, pour l'ensemble des contribuables, un guide fiscal des plus utiles.

Importance fiscale de l'impôt du timbre. — En terminant, il ne paraît pas superflu de rappeler que l'impôt du timbre constitue une des ressources les plus importantes de nos budgets modernes et qu'il est un des plus productifs parmi les impôts indirects. Il suffit d'ailleurs, pour s'en rendre compte, de rappeler le montant des recettes réalisées à ce titre pendant les dix dernières années :

1912	224,624,000
1913	239,631,500
1914	195.952,000 (année de guerre)
1915	146,167,500 —
1916	157,638,000 —
1917	172,277,000 —
1918	215,772,500 —
1919	311,454,500
1920	515,923,000
1921	563,326,000

Si l'on rapproche ce dernier chiffre, de plus d'un demi-milliard, du total général du produit des impôts indirects qui s'est élevé, en 1921, à 10,463,901,000 francs, on constate que l'impôt du timbre procure, à lui seul, plus du dix-neuvième de l'ensemble des ressources demandées aux taxes indirectes de toute nature. Il représente, d'autre part, plus du dixième du total des impôts recouvrés par l'Administration de l'Enregistrement, des Domaines et du Timbre durant la même année 1921 (5,240,356,000 francs.)

Mais ce n'est pas seulement à ce point de vue exclusivement fiscal qu'il convient de se placer pour en apprécier toute l'importance. On ne saurait perdre de vue, en effet, que, de tous les impôts en vigueur, le timbre est peut-être celui qui, sous l'une ou l'autre de ses formes si diverses, atteint la plus grande masse des contribuables. C'est donc le cas d'affirmer qu'en cette matière surtout, nul ne doit ignorer la loi.

31 décembre 1921.

TABLE ANALYTIQUE DES MATIÈRES.

TITRE VIII.

Timbre des passeports.

TITRE IX.

Timbre des permis de chasse.

TITRE X.

Contrôle des marques de fabrique.

TITRE XI.

Timbre de certains actes ou documents de nature particulière.

TITRE XII.

Actes à viser pour timbre en débet.

TITRE XIII.

Exemptions.

TITRE PREMIER.

Dispositions générales.

SECTION I.

GÉNÉRALITÉS.

1.

La contribution du timbre est établie sur tous les papiers destinés aux actes civils et judiciaires, aux écritures qui peuvent être produites en justice et y faire foi, ainsi qu'à des écrits d'une nature spéciale.

Il n'y a d'autres exceptions que celles nommément exprimées dans la présente loi. (*Loi du 13 brumaire an VII, art. 1er.*)

2.

Cette contribution comprend, notamment :

1° Le droit de timbre imposé et tarifé en raison de la dimension du papier dont il est fait usage ;

2° Le droit de timbre créé pour les effets négociables ou de commerce et gradué en raison des sommes à y exprimer, sans égard à la dimension du papier ;

3° Le droit de timbre des quittances ;

4° Le droit de timbre des chèques et des ordres de virement ;

5° Le droit de timbre des affiches ;

6° Le droit de timbre des contrats de transport ;

7° Le droit de timbre des passeports ;

8° Le droit de timbre des permis de chasse ;

9° Le droit de timbre du contrôle des marques de fabrique ;

10° Le droit de timbre auquel sont imposés divers actes ou documents d'une nature particulière (actes d'avances sur titres, cartes d'entrée dans les casinos, casiers judiciaires). [*Loi du 13 brumaire an VII, art. 2, et lois subséquentes.*]

SECTION II.

MODES D'APPLICATION DES DROITS.

3.

Il y a des timbres particuliers pour les différentes sortes de papier. (*Loi du 13 brumaire an VII, art. 4.*)

4.

L'empreinte du timbre à apposer sur les papiers que fournit la Régie est appliquée en haut de la partie gauche de la feuille (non déployée), de la demi-feuille et du papier pour effets de commerce. (*Loi du 13 brumaire an VII, art. 6.*)

5.

Les citoyens qui veulent se servir de papiers autres que ceux de la Régie sont admis, sauf les exceptions indiquées sous les n°ˢ 71 et suivants ci-après, à les faire timbrer avant tout usage.

On emploie pour ce service les timbres y relatifs ; mais l'empreinte est appliquée au haut et du côté droit de la feuille. (*Loi du 13 brumaire an VII, art. 7.*)

La formalité du timbre extraordinaire a lieu dans les départements.

Le receveur qui en est chargé, après avoir perçu le droit, délivre un bulletin contenant la désignation de la quantité de feuilles, de la dimension du papier et de la quotité du droit. Le bulletin et le papier à timbrer sont ensuite présentés par le porteur au garde-magasin qui, pour compléter la formalité, applique le timbre relatif à la quotité du droit perçu sur le papier soumis à cette formalité. (*Arrêté des Consuls du 7 fructidor an x, art. 9 et 10.*)

Les timbres en usage dans les départements portent un numéro ou un signe spécial pour chaque département. (*Décret du 8 octobre 1864, art. 2.*)

6.

Les différents timbres mobiles destinés à l'acquittement des droits de timbre portent une figure identique pour chaque catégorie de timbres et sont conformes à des modèles fixés par décrets.

La couleur de ces timbres peut être changée ou modifiée par décision du Ministre des Finances.

L'Administration de l'Enregistrement, des Domaines et du Timbre peut utiliser les timbres mobiles à d'anciens modèles ou en effectuer le retrait quand elle le juge convenable.

Dans les cas prévus aux deux alinéas précédents, le Ministre des Finances est autorisé à fixer une date au delà de laquelle les timbres retirés de la circulation ne peuvent plus être utilisés. Les anciennes vignettes doivent être changées par les détenteurs avant cette date.

L'Administration de l'Enregistrement fait déposer aux greffes des cours et tribunaux des spécimens des nouveaux timbres mobiles.

Chaque dépôt est constaté par un procès-verbal dressé sans frais. (*Décret du 16 janvier 1890, art. 2 à 6.*)

SECTION III.

DÉBITEURS DES DROITS.

7.

Sous réserve des dispositions spéciales concernant certaines catégories de droits, sont solidaires pour le payement des droits de timbre et des amendes :

Tous les signataires, pour les actes synallagmatiques ; les prêteurs et les emprunteurs, pour les obligations ; les officiers ministériels qui ont reçu ou rédigé des actes énonçant des actes ou livres non timbrés. (*Loi du 28 avril 1816, art. 75.*)

8.

Le timbre de tous actes entre la République et les citoyens est à la charge de ces derniers. (*Loi du 13 brumaire an VII, art. 29.*)

SECTION IV.

PRESCRIPTIONS ET PROHIBITIONS DIVERSES.

9.

Aucune personne ne peut vendre ou distribuer du papier timbré qu'en vertu d'une commission de la Régie à peine d'une amende de 3o francs, décimes compris, pour la première fois, et de 45o francs, décimes compris, en cas de récidive.

Le papier qui est saisi chez ceux qui s'en permettent ainsi le commerce est confisqué au profit de la République. (*Lois des 13 brumaire an VII, art. 27 et 16 juin 1824, art. 10;* et, pour les décimes des amendes, *lois des 6 prairial an VII, article 1er; 23 août 1871, article 1er; 30 décembre 1873, art. 2 et 25 juin 1920, art. 110.*)

10.

La peine contre ceux qui abusent des timbres pour timbrer et vendre frauduleusement du papier timbré, est la même que celle qui est prononcée par le Code pénal contre les contrefacteurs des timbres. (*Loi du 13 brumaire an VII, art. 28.*)

11.

Ceux qui, dans une intention frauduleuse, ont sciemment altéré, employé, vendu ou tenté de vendre des papiers timbrés et des timbres mobiles ayant déjà servi, sont poursuivis devant le tribunal correctionnel et punis d'une amende de 75 francs à 1,500 francs, décimes compris. En cas de récidive, la peine est d'un emprisonnement de cinq jours à un mois et l'amende est doublée.

Il peut être fait application de l'article 463 du Code pénal. (*Lois des 11 juin 1859, art. 21, et 2 juillet 1862, art. 21; et, pour les décimes des amendes, lois des 6 prairial an VII, art. 1ᵉʳ, 23 août 1871, art. 1ᵉʳ, 30 décembre 1873, art. 2, et 25 juin 1920, art 110.*)

12.

L'empreinte du timbre ne peut être couverte d'écriture ni altérée. (*Loi du 13 brumaire an VII, art. 21.*)

13.

Le papier timbré qui a été employé à un acte quelconque ne peut plus servir pour un autre acte, quand même le premier n'aurait pas été achevé. (*Loi du 13 brumaire an VII, art. 22.*)

14.

Il ne peut être fait ni expédié deux actes à la suite l'un de l'autre sur la même feuille de papier timbré, nonobstant tout usage ou règlement contraire.

Sont exceptés : les ratifications des actes passés en l'absence des parties, les quittances des prix de ventes, et celles de remboursements de contrats de constitution ou obligation, les inventaires, procès-verbaux et autres actes qui ne peuvent être consommés dans un même jour et dans la même vacation, les procès-verbaux de reconnaissance et levée de scellés qu'on peut faire à la suite du procès-verbal d'apposition, et les significations des huissiers qui peuvent également être écrites à la suite des jugements et autres pièces dont il est délivré copie. Il peut être donné plusieurs quittances sur une même feuille de papier timbré pour acompte d'une seule et même créance ou d'un seul terme de fermage ou loyer. Toutes autres quittances qui sont données sur une même feuille de papier timbré n'ont pas plus d'effet qui si elles étaient sur papier non timbré.

De même, les révocations, soit de procurations, soit de testaments, peuvent être faites et expédiées sur la même feuille que ces actes. (*Loi du 13 brumaire an VII, art. 23, et décret du 15 juin 1812, art. 1er.*)

15.

Il est fait défense aux notaires, huissiers, greffiers, arbitres et experts d'agir, aux juges de prononcer aucun jugement, et aux administrations publiques de rendre aucun arrêté, sur un acte, registre ou effet de commerce non écrit sur papier timbré du timbre prescrit, ou non visé pour timbre.

Aucun juge ou officier public ne peut non plus coter et parafer un registre assujetti au timbre, si les feuilles n'en sont timbrées. (*Loi du 13 brumaire an VII, art. 24.*)

16.

Lorsqu'un effet, certificat d'action, titre, livre, bordereau, police d'assurance, ou tout acte sujet au timbre et non enregistré est mentionné dans un acte public, judiciaire, ou extrajudiciaire et ne doit pas être représenté au receveur lors de l'enregistrement de cet acte, l'officier public ou officier ministériel est tenu de déclarer expressément dans l'acte si le titre est revêtu du timbre prescrit, et d'énoncer le montant du droit de timbre payé.

En cas d'omission, les notaires, avoués, greffiers, huissiers et autres officiers publics sont passibles d'une amende de 15 francs, décimes compris, pour chaque contravention. (*Loi du 18 juin 1850, art. 49; et, pour les décimes de l'amende, lois des 6 prairial an VII, art. 1er, 23 août 1871, art. 1er, 30 décembre 1873, art. 2, et 25 juin 1920, art. 110.*)

17.

Il est également fait défense à tout receveur de l'Enregistrement :

1° D'enregistrer aucun acte qui ne serait pas sur papier timbré du timbre prescrit, ou qui n'aurait pas été visé pour timbre ;

2° D'admettre à la formalité de l'enregistrement des protêts d'effets négociables, sans se faire représenter ces effets en bonne forme. (*Loi du 13 brumaire an VII, art. 25.*)

18.

Il est prononcé une amende savoir :

1° De 7 fr. 50 (décimes compris) pour contravention, par les particuliers, aux dispositions du n° 12 ci-dessus;

2° De 7 fr. 50 (décimes compris) pour contravention au n° 12 par les officiers et fonctionnaires publics et pour contravention aux n°° 13 et 14 par les particuliers;

3° De 15 francs (décimes compris) pour contravention au n° 17 de la part des préposés de l'enregistremen ;

4° De 30 francs (décimes compris) pour contravention aux n°° 13, 14 et 15 par les officiers et fonctionnaires publics;

Les contrevenants, dans tous les cas ci-dessus, payent en outre les droits de timbre. (*Lois des 13 brumaire an VII, art. 26, et 16 juin 1824, art. 10; et, pour les décimes de l'amende, lois des 6 prairial an VII, art. 1er, 23 août 1871, art. 1er, 30 décembre 1873, art. 2, et 25 juin 1920, art. 110.*)

19.

Les écritures privées qui auraient été faites sur papier non timbré, sans contravention aux lois du timbre, quoique non comprises nommément dans les exceptions, ne peuvent être produites en justice sans avoir été soumises au timbre extraordinaire ou au visa pour timbre ou timbrées au moyen de l'apposition de timbres mobiles, à peine d'une amende de 7 fr. 50, décimes compris, outre le droit de timbre. (*Lois des 13 brumaire an VII, art. 30; 16 juin 1824, art. 10, et 2 juillet 1862, art. 24; et, pour les décimes de l'amende, les lois visées dans le numéro précédent.*)

20.

Tout acte fait ou passé en pays étranger, ou dans les îles et colonies françaises où le timbre n'aurait pas encore été établi, est soumis au timbre avant qu'il puisse en être fait aucun usage en France, soit dans un acte public, soit dans une déclaration quelconque, soit devant une autorité judiciaire ou administrative. (*Loi du 13 brumaire an VII, art. 13.*)

21.

Les actes et jugements passés ou rendus en Tunisie et au Maroc, dont il est fait usage en France, soit par acte public, soit devant toute autorité constituée, sont, au point de vue de la perception des droits de timbre, assimilés à ceux passés ou rendus dans les colonies où ces impôts sont établis. (*Lois des 30 juillet 1913, art. 14, et 29 septembre 1917, art. 4.*)

SECTION V.

POURSUITES ET INSTANCES.

22.

Les préposés de la régie sont autorisés à retenir les actes, registres, effets ou pièces quelconques en contravention à la loi du timbre, qui leur sont présentés, pour les joindre aux procès-verbaux qu'ils en rapportent, à moins que les contrevenants ne consentent à signer lesdits procès-verbaux ou à acquitter sur-le-champ l'amende encourue et le droit de timbre. (*Loi du 13 brumaire an VII, art. 31.*)

23.

Les préposés des douanes, des contributions indirectes et ceux des octrois ont, pour constater les contraventions au timbre des actes ou écrits sous signature privée, et pour saisir les pièces en contravention, les mêmes attributions que les préposés de l'enregistrement. (*Loi du 2 juillet 1862, art. 23.*)

24.

Le recouvrement des droits de timbre et des amendes de contravention y relatives est poursuivi par voie de contrainte, et, en cas d'opposition, les instances sont instruites et jugées selon les formes prescrites par les lois des 22 frimaire an VII, 27 ventôse an IX et 30 avril 1921, art. 7, sur l'enregistrement.

En cas de décès des contrevenants, lesdits droits et amendes sont dus par leurs successeurs, et jouissent, soit dans les successions, soit dans les faillites ou tous autres cas, du privilège des contributions directes. (*Loi du 28 avril 1816, art. 76.*)

25.

Les amendes pour contravention aux lois sur le timbre se prescrivent par deux ans. Cette prescription court du jour où les préposés ont été mis à portée de constater les contraventions au vu de chaque acte soumis à l'enregistrement.

Dans tous les cas, la prescription pour le recouvrement des droits de timbre qui auraient été dus indépendamment des amendes reste réglée par les lois existantes. (*Loi du 16 juin 1824, art. 14.*)

26.

La créance du Trésor pour tous droits de timbre dus en matière d'assistance judiciaire, en vertu des lois des 22 janvier 1851 et 10 juillet 1901, a la préférence sur celle des autres ayants droit. (*Lois des 22 janvier 1851, art. 18, et 10 juillet 1901.*)

SECTION VI.

DROIT DE COMMUNICATION.

27.

Les sociétés, compagnies d'assurances, assureurs, entrepreneurs de transports et tous autres assujettis aux vérifications des agents de l'enregistrement par les lois en vigueur sont tenus de représenter auxdits agents, tant au siège social que dans les succursales et agences, leurs livres, registres, titres, polices, pièces de recette, de dépense et de comptabilité, afin qu'ils s'assurent de l'exécution des lois sur le timbre.

Tout refus de communication est constaté par procès-verbal et puni d'une amende de 1,500 francs à 15,000 francs, décimes compris. (*Lois des 23 août 1871, art. 22, 21 juin 1875, art. 7, et 17 avril 1906, art. 5; et, pour les décimes de l'amende, lois des 6 prairial an VII, art. 1er; 23 août 1871, art. 1er, 30 décembre 1873, art. 2, et 25 juin 1920, art. 110.*)

28.

Indépendamment de cette amende, les sociétés ou compagnies françaises ou étrangères et tous autres assujettis aux vérifications des agents de l'enregistrement doivent, en cas d'instance, être condamnés à représenter les pièces ou documents non communiqués, sous une astreinte de 100 francs au minimum par chaque jour de retard. Cette astreinte, non soumise aux décimes, commence à courir de la date de la signature par les parties ou de la notification du procès-verbal qui est dressé pour constater le refus d'exécuter le jugement régulièrement signifié; elle ne cesse que du jour où il est constaté, au moyen d'une mention inscrite par un agent de contrôle sur un des principaux livres de la société ou de l'établissement, que l'Administration a été mise à même d'obtenir la communication ordonnée.

Le recouvrement de l'astreinte est suivi comme en matière d'enregistrement. (*Loi du 17 avril 1906, art. 5.*)

29.

Pour permettre le contrôle des déclarations d'impôt et la recherche des omissions ou des fraudes qui auraient pu être commises, dans le délai de la prescription, tout commerçant faisant un chiffre d'affaires supérieur à 50,000 francs est tenu de représenter à toute réquisition des agents du Trésor ayant au moins le grade de contrôleur ou d'inspecteur adjoint les livres dont la tenue est prescrite par le titre II du Code de commerce, ainsi que tous les livres et documents annexes, pièces de recettes et de dépenses.

Le refus de communiquer les livres ou leur destruction avant le délai fixé à l'article 11 du Code de commerce est constaté par un procès-verbal et soumis aux sanctions établies au numéro qui précède. (*Loi du 31 juillet 1920, art. 32.*)

SECTION VII.

DISPOSITION CONCERNANT LES DÉCIMES.

30.

La condamnation à l'amende entraîne de plein droit l'obligation de payer les décimes dont la perception est autorisée par les lois en vigueur.

Les décimes sont recouvrés en vertu des mêmes titres et dans les mêmes formes et conditions que le principal de l'amende. (*Loi du 30 mars 1902, art. 33.*)

TITRE II.

Timbre de dimension.

SECTION I.

TARIFS ET MODES DE PERCEPTION.

31.

Les papiers destinés au timbre qui sont débités par la Régie sont fabriqués dans les dimensions déterminées suivant le tableau ci-après :

DÉNOMINATIONS.	DIMENSIONS (EN PARTIES DU MÈTRE) de la feuille déployée (supposée rognée).		
	Hauteur.	Largeur.	Superficie.
Grand registre...............................	0,4204	0,5946	0,2500
Grand papier..............................	0,3536	0,5000	0,1768
Moyen papier (moitié du grand registre)......	0,2973	0,4204	0,1250
Petit papier (moitié du grand papier)........	0,2500	0,3536	0,0884
Demi-feuille (moitié du petit papier)........	0,2500	0,1768	0,0442

Ils portent un filigrane particulier, imprimé dans la pâte même de la fabrication. (*Loi du 13 brumaire an VII, art. 3.*)

32.

Le prix des papiers timbrés fournis par la Régie et les droits de timbre des papiers que les citoyens font timbrer sont fixés ainsi qu'il suit, en raison de la dimension du papier :

La feuille de grand registre, douze francs (12 fr.).

Celle de grand papier, huit francs (8 fr.).

Celle de moyen papier, six francs (6 fr.).

Celle de petit papier, quatre francs (4 fr.).

Et la demi-feuille de ce petit papier, deux francs (2 fr.).

Ces droits ne sont pas sujets aux décimes. (*Lois des 13 brumaire an VII, art. 8, et 25 juin 1920, art. 36.*)

33.

Toutefois les droits de timbre établis en raison de la dimension auxquels sont assujettis les registres de l'état civil sont fixés à la moitié des tarifs indiqués ci-dessus.

Le prix des feuilles de moyen papier est réduit à 3 francs pour les feuilles employées à la rédaction des expéditions des actes civils, administratifs, judiciaires et extra-judiciaires. (*Loi du 25 juin 1920, art. 36.*)

34.

Il n'y a pas de droit de timbre supérieur à 12 francs ni inférieur à 2 francs, quelle que soit la dimension du papier soit au-dessus du grand registre, soit au-dessous de la demi-feuille du petit papier. (*Lois des 13 brumaire an VII, art. 8, et 25 juin 1920, art. 36.*)

35.

Les receveurs de l'enregistrement peuvent suppléer à la formalité du visa, pour toute espèce de timbre de dimension, au moyen de l'apposition de timbres mobiles. (*Loi du 2 juillet 1862, art. 24.*)

Peuvent être timbrés au moyen de timbres mobiles les papiers destinés à l'impression des formules assujetties au timbre de dimension. (*Loi du 27 juillet 1870, art. 6.*)

36.

Il est établi, pour l'exécution du numéro qui précède, des timbres mobiles correspondant aux droits de timbre à percevoir à raison de la dimension du papier, tels qu'ils sont indiqués au n° 32.

Ces timbres sont conformes aux modèles fixés par décret.

Ils sont apposés et annulés immédiatement au moyen d'une griffe, soit par les receveurs de l'enregistrement, soit par les fonctionnaires désignés à cet effet par le Ministre des Finances pour suppléer ces préposés.

Spécialement, les receveurs des douanes sont autorisés à apposer les timbres mobiles de dimension sur les certificats d'origine venant de l'étranger. (*Arrêté ministériel du 7 mai 1864.*)

Pourront apposer aussi le timbre mobile de dimension sur les lettres de voiture et connaissements les receveurs des douanes établis dans les lieux où il n'existe pas de bureau d'enregistrement.

Les griffes dont il est fait usage sont conformes aux modèles fixés par arrêté ministériel. Elles sont apposées à l'encre grasse de façon qu'une partie de leur empreinte soit imprimée sur la feuille de papier de chaque côté du timbre mobile. (*Décret du 29 octobre 1862, art. 1er, et arrêté du 20 juillet 1863, art. 2.*)

37.

Sont considérés comme non timbrés les actes ou écrits sur lesquels le timbre mobile a été apposé sans l'accomplissement des conditions indiquées au numéro qui précède, ou sur lesquels aurait été apposé un timbre ayant déjà servi. (*Loi du 2 juillet 1862, art. 27.*)

38.

Sont applicables aux timbres visés au n° 36 les dispositions du n° 11. (*Loi du 2 juillet 1862, art. 26, 2e alinéa.*)

SECTION II.

ACTES SOUMIS AU TIMBRE DE DIMENSION. — RÈGLES GÉNÉRALES.

39.

Sont assujettis au droit de timbre établi en raison de la dimension tous les papiers à employer pour les actes et écritures, soit publics, soit privés, savoir :

§ Ier. — 1. Les actes des notaires, et les extraits, copies et expéditions qui en sont délivrés ;

2. Ceux des huissiers, et les copies et expéditions qu'ils en délivrent;

3. Les actes et procès-verbaux des gardes et de tous autres employés ou agents ayant droit de verbaliser, et les copies qui en seront délivrées;

4. Les actes et jugements de la justice de paix, des bureaux de paix et de conciliation, de la police ordinaire, des tribunaux et des arbitres, et les extraits, copies et expéditions qui s'en délivrent, sous réserve des exceptions indiquées au n° 324;

5. Les actes particuliers des juges de paix et de leurs greffiers, ceux des autres juges, et ceux reçus aux greffes ou par les greffiers, ainsi que les extraits, copies et expéditions qui s'en délivrent;

6. Les actes des avoués ou défenseurs officieux près les tribunaux et les copies ou expéditions qui en sont faites ou signifiées;

7. Les consultations, mémoires, observations et précis signés des hommes de lois et défenseurs officieux;

8. Les actes des autorités administratives et des établissements publics portant transmission de propriété, d'usufruit et de jouissance; les adjudications ou marchés de toute nature aux enchères, au rabais et sur soumission et les cautionnements relatifs à ces actes;

Les seuls actes dont il doit être tenu répertoire sur papier timbré dans les préfectures, sous-préfectures et mairies, et dont les préposés peuvent demander communication sont ceux dénommés dans le présent paragraphe. (*Loi du 15 mai 1818, art. 78 et 82.*)

9. Les pétitions et mémoires, même en forme de lettres, présentés aux Ministres, à toutes autorités constituées, et aux administrations et établissements publics.

Toutefois, lorsqu'à la suite d'une réclamation reconnue fondée, il y a lieu de rembourser ces contributions, droits ou taxes quelconques indûment perçus, le Trésor, le département, la commune ou l'établissement public pour lequel la perception a été faite, rembourse au pétitionnaire, en même temps que le principal, le montant des droits de timbre auxquels a été assujettie la pétition. (*Loi du 29 mars 1897, art. 42.*)

10. Les actes entre particuliers sous signature privée et les doubles des comptes de recette ou gestion particulière;

11. Et généralement tous actes et écritures, extraits, copies et expéditions, soit publics, soit privés, devant ou pouvant faire titre, ou être produits pour obligation, décharge, justification, demande ou défense.

§ II. — 1. Les registres de l'autorité judiciaire où s'écrivent des actes sujets à l'enregistrement sur les minutes, et les répertoires des greffiers;

2. Ceux des administrations centrales et municipales tenus pour objets qui leur sont particuliers et n'ayant point de rapport à l'administration générale, et les répertoires de leurs secrétaires;

3. Les répertoires des notaires, huissiers et autres officiers publics et ministériels:

4. Les registres des receveurs des droits et des revenus des communes et des établissements publics;

5. Ceux que les courtiers d'assurances maritimes doivent tenir conformément à l'article 84 du Code de commerce;

Les notaires sont tenus, comme les courtiers, d'avoir un registre spécial et timbré sur lequel ils transcrivent les polices des assurances faites par leur ministère. (*Loi du 5 juin 1850, art. 47.*)

6. Et généralement tous livres, registres et minutes de lettres qui sont de nature à être produits en justice et dans le cas d'y faire foi, ainsi que les extraits, copies et expéditions qui sont délivrés desdits livres et registres, sauf ce qui sera dit sous le titre XIII. (*Loi du 13 brumaire an VII, art. 12.*)

SECTION III.

ACTES SOUMIS AU TIMBRE DE DIMENSION. — APPLICATIONS PARTICULIÈRES.

40.

Sont notamment soumis au timbre de dimension :

1° Les écritures des parties, signées par les avocats au Conseil, dans les affaires contentieuses portées au Conseil d'État. (*Décret du 22 juillet 1806, art. 48.*)

2° Les certificats de vie délivrés par les notaires aux rentiers et pensionnaires de l'État; dans ce cas, le droit de timbre est de 2 francs. (*Décret du 21 août 1806, art. 10, et loi du 25 juin 1920, art. 36.*)

3° Les certificats que les officiers de l'état civil délivrent aux parties, pour justifier aux ministres des cultes de l'accomplissement préalable des formalités civiles avant d'être admises à la célébration religieuse de leur mariage; dans ce cas, le droit de timbre est également de 2 francs. (*Décret du 9 décembre 1810, art. 1er, et loi du 25 juin 1920, art. 36.*)

4° Le recours contre les arrêtés du Conseil de préfecture (rendus sur les réclamations en matière de contributions). [*Loi du 21 avril 1832, art. 30.*]

5° Les certificats de stage délivrés par les conseils académiques en vertu de l'art. 61 de la loi du 15 mars 1850. (*Décret du 20 décembre 1850, art. 2.*)

6° Les actes de notoriété destinés à constater les ressources des demandeurs en concession de terres, tant en France qu'en Algérie, passés devant les juges de paix. (*Décret du 23 avril 1852, art. 2.*)

7° Les récépissés prévus par la loi du 28 mai 1858 sur les négociations concernant les marchandises déposées dans les magasins généraux. (*Loi du 28 mai 1858, art. 13.*)

8° Les avertissements donnés aux termes de la loi du 2 mai 1855, avant toute citation et rédigés par le greffier du juge de paix; dans ce cas, le droit de timbre est de 2 francs. (*Lois des 23 août 1871, art. 21, et 25 juin 1920, art. 36.*)

9° Les mandatements ou bordereaux de collocation délivrés aux créanciers par les greffiers, en matière d'ordre et de contribution. Ces documents sont rédigés sur du petit papier au tarif ordinaire de 2 francs ou de 4 francs. Ils contiennent trente-cinq lignes à la page et de vingt à vingt-cinq syllabes à la ligne, compensation faite d'une feuille à l'autre. (*Lois des 26 janvier 1892, art. 14, et 25 juin 1920, art. 36.*)

10° Les actes de procuration, de consentement et d'autorisation dressés aux armées ou dans le cours d'un voyage maritime et reçus dans les conditions indiquées par la loi du 8 juin 1893; ils ne peuvent être valablement utilisés qu'après avoir été timbrés. (*Loi du 8 juin 1893, art. 4.*)

11° Les extraits et déclarations visés dans les art. 58-3, 61, 73 et 74 du décret du 9 septembre 1902 sur la liquidation des primes de construction et de navigation à la marine marchande. (*Articles précités du décret du 9 septembre 1902.*)

12° Les certificats de parts non négociables des sociétés de caution mutuelle dont les statuts et le fonctionnement sont reconnus conformes aux dispositions de la loi du 13 mars 1917, ainsi que des banques populaires qui remplissent les conditions prévues par l'art. 10 de la même loi. (*Loi du 13 mars 1917.*)

13° Les certificats de parts non négociables des sociétés coopératives ouvrières de production et de crédit au travail, instituées par la loi du 18 décembre 1915. (*Lois du 18 décembre 1915, art. 6, et du 13 mars 1917, art. 8.*)

SECTION IV.

RÈGLES SPÉCIALES AUX ACTES DE L'ÉTAT CIVIL.

41.

Les trois registres de l'état civil dont la tenue est prescrite par l'art. 1er du décret du 20 septembre 1792 sont doubles sur papier timbré au tarif édicté au n° 33 et fournis aux frais de chaque commune. (*Décret du 20 septembre 1792, art. 2, et loi du 25 juin 1920, art. 36.*)

42.

Les tables annuelles et décennales prescrites par les articles 8 et 15 du décret du 20 septembre 1792 et 1, 2 et 3 du décret du 20 juillet 1807 sont faites sur papier timbré au tarif indiqué au n° 33, à l'exception de l'exemplaire de la table décennale destinée à rester au greffe. (*Décrets des 20 juillet 1807, art. 4, et 27 février 1913.*)

43.

Les extraits des actes de l'état civil doivent être sur papier timbré au tarif de trois francs. (*Art. 18 du décret du 20 septembre 1792, et loi du 25 juin 1920, art. 36.*)

44.

Les registres des actes de publication des mariages et d'opposition auxdits mariages sont sur papier timbré au tarif indiqué au n° 33. (*Décret du 19 décembre 1792, art. 5, et loi du 25 juin 1920, art. 36.*)

45.

Les extraits délivrés aux étrangers du registre d'immatriculation, prévu par la loi du 8 août 1893, sont établis dans la forme des actes de l'état civil et moyennant les mêmes droits. (*Loi du 8 août 1893, art. 1er.*)

SECTION V.

RÈGLES SPÉCIALES AUX COPIES D'EXPLOITS.

46.

Le droit de timbre des copies des exploits et des significations de tous jugements, actes ou pièces est acquitté au moyen de timbres mobiles apposés sur l'original de l'exploit.

Néanmoins, ces copies ne peuvent être faites que sur papier de la même qualité et des mêmes dimensions que le petit papier ou la demi-feuille visés au tableau du n° 31 et qui est fourni aux frais des huissiers.

Ne pourront être admis en taxe, par les magistrats taxateurs, que les exploits rédigés sur le papier ayant la qualité et les dimensions indiquées à l'alinéa précédent. (*Lois des 29 décembre 1873, art. 2, et 26 décembre 1908, art. 9.*)

47.

Indépendamment des mentions prescrites par l'article 48 du décret du 14 juin 1813 et par l'article 67 du Code de procédure civile, les huissiers sont tenus d'indiquer distinctement au bas de l'original et des copies de chaque exploit :

1° Le nombre des feuilles de papier employées tant pour les copies de l'original que pour les copies des pièces signifiées ;

2° Le montant des droits de timbre dus à raison de la dimension de ces feuilles. (*Loi du 29 décembre 1873, art. 3.*)

48.

Il ne peut être alloué en taxe, et les officiers ministériels ne peuvent demander et se faire payer à titre de remboursement de droit de timbre des copies, aucune somme excédant la valeur des timbres mobiles apposés en exécution des dispositions qui précèdent. (*Loi du 29 décembre 1873, art. 4.*)

49.

Il est établi pour l'exécution du n° 46 des timbres mobiles dont le modèle est fixé par décret. (*Décret du 30 décembre 1873, art. 1er.*)

50.

Les huissiers et autres officiers ministériels chargés de faire ou de signifier des copies d'exploits ou de pièces ne peuvent s'approvisionner des timbres mobiles représentant la valeur des droits de timbre exigibles d'après la dimension des feuilles du papier employé aux copies qu'au bureau de l'enregistrement désigné à cet effet. (*Décret du 30 décembre 1873, art. 2.*)

51.

L'officier ministériel est tenu, avant toute signification de copies, d'apposer sur l'original de son exploit un ou plusieurs timbres mobiles représentant le montant des droits de timbre dus à raison du nombre et de la dimension des feuilles du papier employé pour les copies.

Le timbre mobile est collé à la marge gauche de la première page de l'original, immédiatement au-dessous de l'empreinte du timbre sec. Le timbre mobile est oblitéré, lors de l'enregistrement de l'original de l'exploit, par le receveur, au moyen d'une griffe qui lui est fournie par l'Administration. (*Décret du 30 décembre 1873, art. 3.*)

52.

Les huissiers et tous autres officiers ministériels chargés de faire les significations d'actes ou pièces, sont tenus de reproduire, dans les colonnes distinctes de leur répertoire, les indications prévues aux alinéas 1° et 2° du n° 47. (*Décret du 30 décembre 1873, art. 4.*)

53.

Sont applicables aux timbres visés au n° 49 les dispositions du n° 11. (*Loi du 29 décembre 1873, art. 4.*)

54.

Chaque contravention aux dispositions qui précèdent est punie d'une amende de 75 francs, décimes compris. (*Loi du 29 décembre 1873, art. 5; et, pour les décimes, les lois visées aux n°s 16 et 18.*)

55.

Les copies des exploits, celles des significations de tous jugements, actes ou pièces doivent être correctes, lisibles et sans abréviations. Elles ne peuvent contenir plus de trente lignes à la page et de trente syllabes à la ligne. (*Loi du 2 juillet 1862, art. 20, et décret du 30 juillet 1862, art. 1er.*)

56.

Toute contravention aux dispositions du numéro qui précède est punie d'une amende de 37 fr. 50, décimes compris. (*Loi du 2 juillet 1862, art. 20; et, pour les décimes des amendes, lois des 6 prairial an VII, art. 1er, 23 août 1871, art. 1er, 30 décembre 1873, art. 2, et 25 juin 1920, art. 110.*)

SECTION VI.

RÈGLES SPÉCIALES AUX SOMMATIONS AVEC FRAIS ET COMMANDEMENTS CONCERNANT LES AMENDES ET CONDAMNATIONS PÉCUNIAIRES NOTIFIÉES PAR LA POSTE.

57.

Les commandements en matière d'amendes et de condamnations pécuniaires, à notifier par le service des postes, sont conformes aux modèles annexés au décret du 24 avril 1902.

Les originaux collectifs sont préparés par le percepteur sur papier non timbré et groupés par circonscription de distribution postale; ils contiennent en tête un tableau faisant ressortir les noms et domiciles des retardataires à poursuivre, le montant des titres exécutoires, ainsi que les sommes exigibles. Le receveur des finances appose au bas des tableaux l'autorisation de faire notifier les commandements.

Au vu de l'autorisation du receveur des finances, le percepteur prépare sur papier non timbré les copies de commandement, et les remet avec l'original collectif au bureau de poste de sa résidence ou, à défaut, au bureau de poste le plus voisin, pour être expédiés suivant la marche tracée à l'art. 1er du décret susvisé pour les sommations avec frais.

Dès le retour d'un original notifié, le percepteur le dépose au bureau de l'enregistrement pour qu'il soit procédé au timbrage; le receveur de l'enregistrement appose sur cet original et à raison de sa dimension, un ou plusieurs timbres mobiles ordinaires et des timbres-copies représentant les droits de timbre dus à raison du nombre et de la dimension des feuilles utilisées pour les copies notifiées, le tout sous réserve des dispositions édictées au numéro 312-1°, pour les commandements en matière de contributions directes. (*Décrets des 24 avril 1902, art. 6 et 9, 29 mars 1910, art. 1er, et 25 juillet 1912.*)

SECTION VII.

RÈGLES SPÉCIALES AUX LETTRES DE VOITURE.

58.

Les lettres de voiture sont assujetties au timbre de dimension. Les parties, pour rédiger ces actes, peuvent se servir de telle dimension de papier timbré qu'elles jugent convenable.

Ne sont point assujettis à se pourvoir de lettres de voitures timbrées les propriétaires qui font conduire par leurs voituriers et leurs propres domestiques ou fermiers, les produits de leurs récoltes. (*Loi du 6 prairial an VII, art. 5, et décret du 3 janvier 1809, art. 1 et 2.*)

59.

Les lettres de voiture ne peuvent être rédigées que sur papier timbré fourni par l'administration ou sur papier timbré à l'extraordinaire, et frappé d'un timbre noir.

Les particuliers qui, dans les départements autres que celui de la Seine, veulent faire timbrer à l'extraordinaire des papiers destinés aux lettres de voiture sont admis à les remettre en payant préalablement les droits, au receveur du timbre à l'extraordinaire, établi au chef-lieu de chaque département.

Les frais de transport sont à la charge de l'administration. (*Loi du 11 juin 1842, art. 6.*)

60.

Pour toute lettre de voiture non timbrée ou non frappée du timbre noir, la contravention est punie d'une amende de 75 francs, décimes compris, payable solidairement par l'expéditeur et par le voiturier. (*Lois des 11 juin 1842, art. 7, et 2 juillet 1862, art. 22; et, pour les décimes des amendes, lois des 6 prairial an XII, art. 1er, 23 août 1871, art. 1er, 30 décembre 1873, art. 2, et 25 juin 1920, art. 110.*)

61.

Les préposés des douanes et les préposés à la perception des droits d'octroi sont tenus de se faire représenter les lettres de voiture des marchandises et autres objets dont le transport se fait par terre ou par eau, et de vérifier si ces actes sont écrits sur papier timbré, ainsi qu'il est indiqué au n° 58. (*Décret du 16 messidor an XIII, art. 1er.*)

62.

En cas de contravention, ils en rédigent des procès-verbaux, pour faire condamner les souscripteurs et porteurs solidairement à l'amende prévue au n° 60. (*Décret du 16 messidor an XIII, art. 2.*)

63.

Pour indemniser les préposés des soins de cette vérification, il leur est accordé la moitié des amendes qui ont été payées par les contrevenants. (*Décret du 16 messidor an XIII, art. 3.*)

64.

Les préposés de l'Administration de l'Enregistrement et des Domaines qui ont constaté des contraventions de la même nature profitent également de la moitié desdites amendes. (*Décret du 16 messidor an XIII, art. 4.*)

SECTION VIII.

RÈGLES SPÉCIALES AUX RÔLES D'ÉQUIPAGE.

65.

Le droit de timbre de dimension dont sont passibles les rôles d'équipage est perçu au moyen de timbres mobiles spéciaux qui sont apposés sur les rôles des bâtiments au moment de leur délivrance aux intéressés.

Les dispositions des n°ˢ 11, 23 et 37 sont applicables à ces timbres.

Les feuilles d'armement destinées aux bateaux non pontés exerçant la petite pêche sont exemptes du droit de timbre. (*Loi du 21 mars 1885, art. 11.*)

66.

Il est établi, pour l'exécution de l'article qui précède, des timbres mobiles conformes au modèle fixé par décret.

L'Administration de l'Enregistrement, des Domaines et du Timbre peut modifier la couleur de ces timbres toutes les fois qu'elle le juge convenable. (*Décret du 3 avril 1885, art. 1ᵉʳ.*)

67.

Le timbre mobile est apposé, en France et dans les colonies, par l'administrateur de l'inscription maritime ou tout autre fonctionnaire qualifié pour en exercer les fonctions, conformément au décret du 31 décembre 1892, et, dans les ports étrangers, par le Consul, au moment de la délivrance des rôles d'équipage aux intéressés.

Il est collé sur la première page, à la partie supérieure de la feuille à gauche.

Il est oblitéré immédiatement, au moyen de l'inscription manuscrite

à l'encre noire usuelle, en travers du timbre, du lieu et de la date d'oblitération, suivie de la signature du fonctionnaire visé au paragraphe 1ᵉʳ
du présent numéro. (*Décret du 14 novembre 1914, art. 1ᵉʳ, et loi du
17 mars 1915.*)

68.

Les commissaires de l'inscription maritime sont, en ce qui concerne
l'exécution des numéros qui précèdent, soumis au contrôle des agents de
l'enregistrement, qui peuvent se faire représenter à toute réquisition les
rôles d'équipage ou les timbres mobiles et saisir les pièces en contravention. (*Décret du 3 avril 1885, art. 3.*)

SECTION IX.

RÈGLES SPÉCIALES AUX CARTES D'IDENTITÉ.

69.

§ 1ᵉʳ. A partir du 1ᵉʳ avril 1922, les cartes d'identité, quelle que soit
l'autorité qui les délivre, sont assujetties, soit lors de leur délivrance,
soit lors de leur visa ou de leur renouvellement, lorsque ces formalités
sont obligatoires d'après les règles en vigueur, à un droit de timbre de la
quotité ci-après :

Dix francs (10 fr.), pour la carte d'identité des étrangers instituée par
le décret du 2 avril 1917 et par l'article 11 de la loi du 29 juin 1917;

Six francs (6 fr.), pour la carte d'identité professionnelle des voyageurs
ou représentants de commerce, établie par la loi du 8 octobre 1919;

Deux francs (2 fr.), pour la carte frontalière visée dans l'article 16 de
la loi du 31 décembre 1917;

Quatre francs (4 fr.), pour toutes autres cartes d'identité.

Le droit de timbre se substitue, le cas échéant, aux diverses taxes
auxquelles donnent actuellement ouverture, en vertu des lois précitées,
les cartes comprises dans les trois premières catégories ci-dessus. (*Loi du
29 avril 1921, art. 15.*)

§ 2. Les cartes d'identité sont timbrées à la diligence et sous la responsabilité de l'autorité chargée de leur délivrance, soit de leur visa ou de

leur renouvellement au moyen de timbres mobiles de dimension fournis par l'Administration de l'Enregistrement. (*Décret du 31 décembre 1921, art. 1er.*)

§ 3. Le timbre mobile est collé au recto et à l'angle supérieur gauche de la carte. Il est collé lors des visas, en marge de chaque mention de visa. Dans les deux cas, il est immédiatement oblitéré, soit par l'apposition de la signature à l'encre noire de l'autorité compétente et de la date de l'oblitération, soit par l'apposition d'un cachet réglementaire appliqué à l'encre grasse. L'oblitération est faite de telle manière que partie de la signature ou de l'empreinte figure sur la carte et sur le timbre mobile. En aucun cas, sauf les exceptions prévues au titre XIII (*Exemptions*) et au paragraphe ci-après, la remise ou la restitution de la carte au titulaire ne peut avoir lieu avant que le timbrage et l'oblitération aient été effectués.

Le payement du droit de timbre dû sur une carte d'identité au tarif fixé par le paragraphe 1er peut être constaté au moyen de l'apposition d'un ou de plusieurs timbres mobiles de dimension dans les conditions prévues à l'alinéa qui précède. (*Décret du 31 décembre 1921, art. 2 et 3.*)

§ 4. Les formules imprimées pour cartes d'identité peuvent aussi être timbrées à l'avance par l'apposition du timbre à l'extraordinaire.

Il est fait usage des types employés pour le timbre de dimension.

Le timbrage s'effectue uniquement à l'Atelier général du timbre de Paris, où les formules sont transmises dans les conditions prescrites par l'arrêté du Ministre des Finances du 1er mars 1869. (*Décret précité, art. 4.*)

§ 5. Quand la carte d'identité ou le visa sont accordés gratuitement par l'autorité administrative, en vertu de textes édictant une immunité d'impôt en cette matière (*voir titre XIII*), le motif de la gratuité sera expressément mentionné sur la carte d'identité ou en marge du visa. A défaut de cette mention, le porteur sera considéré comme faisant usage d'une carte non timbrée. (*Décret précité, art. 6.*)

§ 6. Les contraventions seront constatées et punies conformément aux lois en vigueur en matière de timbre de dimension. (*Loi du 29 avril 1921, art. 15.*)

SECTION X.

PRESCRIPTIONS ET PROHIBITIONS DIVERSES.

70.

Dans le cas prévu au n° 5, si les papiers ou le parchemin à timbrer à l'extraordinaire se trouvent être de dimensions différentes de celles des papiers de la régie, le timbre, quant au droit établi en raison de la dimension, est payé au prix du format supérieur. (*Loi du 13 brumaire an VII, art. 7.*)

71.

La faculté indiquée au n° 5 pour les citoyens qui veulent employer d'autre papier que celui fourni par la Régie, en le faisant timbrer avant d'en faire usage, est interdite aux notaires, arbitres, avoués ou défenseurs officieux et à tous officiers ou fonctionnaires publics; ils sont tenus de se servir du papier timbré débité par la Régie, sous peine d'encourir l'amende indiquée au n° 77-3°.

Les administrations publiques seulement et les officiers publics désignés dans le numéro qui suit conservent cette faculté.

Les notaires et autres officiers publics peuvent néanmoins faire timbrer, à l'extraordinaire, du parchemin, lorsqu'ils sont dans le cas d'en employer. (*Loi du 13 brumaire an VII, art. 18, modifié par les lois des 26 décembre 1908, art. 9, et 8 avril 1910, art. 14.*)

72.

Les huissiers et les greffiers des tribunaux de paix et de simple police sont admis à faire timbrer avant tout usage, soit à l'extraordinaire, soit au moyen des timbres mobiles visés au n° 36, les formules imprimées à leurs frais qu'ils destinent à la rédaction des minutes et originaux de leurs actes.

Le papier à employer pour cette rédaction doit être de la même qualité et des mêmes dimensions que le petit papier ou la demi-feuille visés au n° 31.

Ne peuvent être admis en taxe par les magistrats taxateurs que les exploits rédigés sur le papier ayant la qualité et les dimensions indiquées à l'alinéa précédent. (*Lois des 26 décembre 1908, art. 9, et 8 avril 1910, art. 14.*)

73.

Les notaires, greffiers, arbitres et secrétaires des administrations et autres dépositaires publics ne peuvent employer, pour les expéditions, extraits ou copies qu'ils délivrent des actes retenus en minute, et de ceux déposés ou annexés, du papier timbré d'un format inférieur à celui appelé moyen papier, et dont le prix est fixé à 3 francs la feuille (Voir le dernier alinéa du n° 33). Ce prix est aussi celui du timbre parchemin que l'on veut employer pour l'expédition, sans égard à la dimension, si toutefois elle est au-dessous de celle de ce papier.

Les huissiers et autres officiers publics ou ministériels ne peuvent non plus employer du papier timbré d'une dimension inférieure à celle du moyen papier, pour les expéditions des procès-verbaux de vente de mobilier. (*Loi des 13 brumaire an VII, art. 19, et 28 avril 1816, art. 63.*)

74.

Les papiers employés à des expéditions ne peuvent contenir, compensation faite d'une feuille à l'autre, plus de vingt-cinq lignes par page et de quinze syllabes à la ligne. Toutefois, en matière civile et commerciale, les expéditions délivrées par les greffiers ne contiennent que vingt lignes à la page et douze à quatorze syllabes à la ligne, compensation faite entre les lignes. (*Lois des 13 brumaire an VII, art 20, et 21 ventôse an VII, art 6; décret du 1er février 1807, art. 174; lois des 18 juin 1843, art. 1er, n° 4, et 26 janvier 1892, art. 13.*)

75.

Les greffiers des cours d'appel, des tribunaux de première instance et de commerce et des justices de paix ne peuvent écrire, sur les minutes ou feuilles d'audience et sur les registres timbrés, plus de trente lignes à la page et de vingt syllabes à la ligne, sur une feuille au timbre de 4 francs; de quarante lignes à la page et de vingt-cinq syllabes à la ligne, lorsque la feuille est au timbre de 6 francs, et plus de cinquante lignes à la page et de trente syllabes à la ligne, lorsque la feuille est au timbre de 8 francs.

Toute contravention est constatée conformément aux nᵒˢ 22 et suivants ci-dessus et punie d'une amende de sept francs 50 centimes, décimes compris, sans préjudice des droits de timbre à la charge des contrevenants. (*Décret du 8 décembre 1862, art. 4; loi du 16 juin 1824, art. 12;* et, *pour les décimes des amendes, lois des 6 prairial an VII, art. 1ᵉʳ, 23 août 1871, art 1ᵉʳ, 30 décembre 1873, art. 2, et 25 juin 1920, art. 110.*)

<h2 style="text-align:center">76.</h2>

Les parties qui rédigent un acte sous seings privés soumis à l'enregistrement dans un délai déterminé, soit par l'article 12 de la loi du 29 juin 1918, soit par les lois antérieures, doivent en établir un double sur papier timbré revêtu des mêmes signatures que l'acte lui-même et qui reste déposé au bureau de l'enregistrement lorsque la formalité est requise. (*Loi du 29 juin 1918, art. 14.*)

<h2 style="text-align:center">77.</h2>

Il est prononcé une amende, savoir :

1° De sept francs 50 centimes, décimes compris, pour contravention au nᵒ 74 par les officiers et fonctionnaires publics;

2° De 15 francs, décimes compris, pour contravention au nᵒ 73 de la part des officiers et fonctionnaires publics y dénommés;

3° De 30 francs, décimes compris, pour chaque acte public ou expédition écrit sur papier non timbré;

4° De 75 francs, décimes compris, pour chaque acte ou écrit sous signatures privées, sujet au timbre de dimension et fait sur papier non timbré.

Les contrevenants, dans tous les cas ci-dessus, payent, en outre, les droits de timbre. (*Lois des 13 brumaire an VII, art 26, 16 juin 1824, art. 10, et 2 juillet 1862, art. 22;* et, *pour les décimes des amendes, lois des 6 prairial an VII, art 1ᵉʳ, 23 août 1871, art 1ᵉʳ, 30 décembre 1873, art. 2, et 25 juin 1920, art. 110.*)

TITRE III.

Effets négociables et non négociables, billets de banque, warrants, etc. — Timbre proportionnel.

SECTION I.

GÉNÉRALITÉS. — ACTES SOUMIS AU TIMBRE PROPORTIONNEL.

78.

Sont assujettis au droit de timbre en raison des sommes et valeurs, les billets à ordre ou au porteur, les rescriptions, mandats, retraites, payements, ordonnances et tous autres effets négociables ou de commerce, même les lettres de change tirées par seconde, troisième et duplicata et ceux faits en France et payables chez l'étranger sauf ce qui sera dit au n° 319. (*Loi du 13 brumaire an VII, art. 14, et décret du 24 mars 1848.*)

79.

Sont soumis au droit de timbre proportionnel indiqué au numéro précédent, les billets, obligations, délégations, et tous mandats non négociables, quelles que soient d'ailleurs leur forme et leur dénomination, servant à procurer une remise de fonds de place à place, à l'exception des chèques, régis suivant les indications des n° 135 et suivants.

Cette disposition est applicable aux écrits spécifiés ci-dessus, souscrits en France et payables hors de France et réciproquement. (*Lois des 6 prairial an VII, art. 6, et 19 février 1874, art. 4.*)

80.

Les effets venant soit de l'étranger, soit des îles ou des colonies dans lesquelles le timbre n'aurait pas encore été établi, et payables en France, sont, avant qu'ils puissent y être négociés, acceptés ou acquittés, soumis au timbre ou au visa pour timbre, et le droit est payé d'après la quotité indiquée au n° 82. (*Loi du 5 juin 1850, art. 3.*) [Rapp. n° 83.]

81.

Les lettres de change, billets à ordre et valeurs de commerce qui sont remis par les trésoriers généraux doivent être timbrés et avoir acquitté le droit proportionnel indiqué au n° 82.

Ce droit est acquitté au moyen de l'apposition des timbres mobiles visés au n° 89.

Les effets de commerce et billets négociables ou non négociables, qui sont envoyés au Trésor sans avoir été timbrés, sont immédiatement présentés par les soins du caissier central du Trésor au bureau de l'enregistrement pour y être visés pour timbre et soumis aux amendes indiquées au n° 97. Le receveur général qui en a fait l'envoi est aussitôt débité dans son compte courant du montant du droit de timbre et des amendes. (*Ordonnance du 10 octobre 1834, art. 7 et 8, et décret du 26 janvier 1884, art. 1er.*)

SECTION II.

TARIFS DES DROITS.

82.

Est fixé à 5 centimes par 100 francs ou fraction de 100 francs lorsque l'échéance n'est pas à plus de six mois, et à 10 centimes par 100 francs ou fraction de 100 francs, lorsque l'échéance est à plus de six mois, le tarif du droit proportionnel de timbre applicable :

1° Aux lettres de change, billets à ordre ou au porteur, et tous effets négociables ou de commerce ;

2° Aux billets et obligations non négociables ;

3° Aux délégations et tous mandats non négociables, quelles que soient leur forme et leur dénomination, servant à procurer une remise de fonds de place à place.

Si aucune échéance n'est indiquée, le droit de timbre exigible est celui de 10 centimes p. 100. Si un effet payable à vue n'a pas été présenté au payement dans les six mois de sa date, son détenteur doit, dans les quinze jours qui suivent l'expiration de ces six mois, le timbrer au droit supplémentaire de 5 centimes p. 100, sous peine de l'amende de 9 p. 100 du montant de l'effet indiquée au n° 97. (*Loi du 31 décembre 1920, art. 11.*)

83.

Les lettres de change, billets à ordre ou au porteur, mandats, retraites et tous autres effets négociables ou de commerce tirés de l'étranger sur l'étranger et circulant en France ne sont assujettis qu'à un droit de timbre proportionnel fixé à 50 centimes par 2,000 francs ou fraction de 2,000 francs, sans décimes.

Ces effets peuvent être valablement timbrés au moyen des timbres mobiles en usage en France. Les timbres sont employés à raison de leur quotité seulement, et non des sommes qu'ils indiquent. (*Loi des 5 juin 1850, art. 1er, et 20 décembre 1872, art. 3.*)

84.

Le droit de timbre afférent aux lettres de gage des compagnies de crédit foncier peut être perçu par voie d'abonnement annuel, à raison de 5 centimes par 1,000 francs (sans décimes), du total des lettres de gage en circulation. (*Loi des 8 juillet 1852, art. 29, et 30 mars 1872, art. 1er.*)

85.

Celui qui reçoit du souscripteur un effet non timbré conformément au n° 82, est tenu de le faire viser pour timbre dans les quinze jours de sa date, ou avant l'échéance si cet effet a moins de quinze jours de date et, dans tous les cas, avant toute négociation.

Ce visa pour timbre est soumis à un droit porté au triple de celui qui eut été exigible s'il avait été régulièrement acquitté et qui s'ajoute au montant de l'effet, nonobstant toute stipulation contraire. (*Lois des 5 juin 1850, art. 2, et 31 décembre 1920, art. 11.*)

SECTION III.

MODES DE PERCEPTION.

86.

Les papiers destinés au timbre des effets de commerce, qui sont débités par la régie, sont fabriqués dans les dimensions suivantes : hauteur 0,0884, largeur : 0,2500, superficie : 0,0221 (moitié de la demi-feuille du petit papier de dimension, coupé en long). (*Loi du 13 brumaire an VII, art. 3.*)

La série des types de timbres destinés au timbrage des coupons de la débite comprend des modèles de 5 centimes, 10 centimes, 15 centimes, 20 centimes, 25 centimes, 30 centimes, 40 centimes, 50 centimes et 1 franc.

Les empreintes de ces types sont conformes aux spécimens fixés par décret. (*Décret du 27 juillet 1921, art. 2.*)

87.

Les papiers destinés aux lettres de change, billets à ordre ou au porteur, mandats, retraites, et tous autres effets négociables ou de commerce, sont marqués de timbres conformes aux modèles visés au numéro précédent, et indiquant le montant des droits de timbre, tels qu'ils sont indiqués au n° 82.

Lorsqu'il s'agit de sommes supérieures à 2,000 francs, les papiers sont visés pour timbre ou revêtus des timbres mobiles dont il est question au n° 91. (*Loi du 13 brumaire an VII, art. 11, et décrets des 27 juillet 1850, art. 1ᵉʳ, et 27 juillet 1921, art. 2.*)

88.

Les types créés par le décret visé au n° 86 sont employés également pour les papiers destinés aux effets négociables et présentés au timbrage à l'extraordinaire. (*Décret du 27 juillet 1921, art. 2.*)

Le timbrage à l'extraordinaire n'est permis que pour les quotités visées au n° 86. (*Décret du 27 juillet 1921, art. 4.*)

89.

Les droits de timbre auxquels sont assujettis les effets de commerce créés en France ainsi que ceux venant, soit de l'étranger, soit des îles ou des colonies dans lesquelles le timbre n'aurait pas encore été établi, peuvent être acquittés par l'apposition de timbres mobiles.

Il est également fait usage des timbres mobiles pour acquitter les droits complémentaires exigibles en cas d'emploi de coupons ou de papiers timbrés à l'extraordinaire.

Sont applicables à ces timbres, les dispositions pénales des n°ˢ 11 et 105. (*Lois des 11 juin 1859, art. 19, et 27 juillet 1870, art. 6; Décret du 27 juillet 1921, art. 3.*)

90.

Les timbres mobiles proportionnels qui peuvent être apposés sur les effets de commerce venant de l'étranger ou des colonies, et sur les effets négociables de toute nature créés en France, sont conformes au modèle créé par décret. Néanmoins, l'Administration de l'Enregistrement, des Domaines et du Timbre peut modifier les couleurs de ces timbres suivant les quotités et toutes les fois qu'elle le juge convenable. (*Décret du 19 février 1874, art. 1ᵉʳ.*)

91.

La série des timbres mobiles pour les effets négociables et non négociables comprendra des timbres de 5 centimes, 10 centimes, 15 centimes, 20 centimes, 25 centimes, 30 centimes, 35 centimes, 40 centimes, 45 centimes, 50 centimes, 1 franc, 1 fr. 50, 2 francs, 2 fr. 50, 3 francs, 3 fr. 50, 4 francs, 4 fr. 50, 5 francs, 6 francs, 7 francs, 8 francs, 9 francs, 10 francs, 15 francs, 20 francs, 25 francs, 30 francs et 50 francs. (*Décret du 27 juillet 1921, art. 1ᵉʳ.*)

92.

Le payement des droits de timbre des effets négociables et non négociables peut être constaté au moyen de l'apposition de plusieurs timbres mobiles. (*Décret du 27 juillet 1921, art. 3.*)

93.

Le timbre mobile est apposé avant tout usage; il est collé, savoir :

1° Pour les effets créés en France, au recto de l'effet, à côté de la signature du souscripteur;

2° Pour les effets venant de l'étranger ou des colonies, au recto de l'effet à côté de la mention de l'acceptation ou de l'aval; à défaut d'acceptation ou d'aval, au verso, avant tout endossement ou acquit, si l'effet n'a pas encore été négocié, et, en cas de négociation, immédiatement après le dernier endossement souscrit en pays étranger ou dans les colonies. (*Décret du 19 février 1874, art. 3.*)

94.

Chaque timbre mobile est oblitéré au moment même de son apposition, savoir :

Par le souscripteur, pour les effets créés en France;

Par le signataire de l'acceptation, de l'aval, de l'endossement ou de l'acquit, s'il s'agit d'effets venant de l'étranger ou des colonies;

L'oblitération consiste dans l'inscription à l'encre noire usuelle et en travers du timbre :

1° Du lieu où l'oblitération est opérée;

2° De la date (quantième, mois et millésime) à laquelle elle est effectuée;

3° De la signature, suivant les cas prévus au numéro précédent, du signataire de l'effet, de l'acceptation, de l'aval, de l'endossement ou de l'acquit.

En cas de protêt, faute d'acceptation d'un effet venant de l'étranger ou des colonies, le timbre est collé par le porteur et oblitéré par le receveur chargé de l'enregistrement du protêt. Il appose sur ce timbre la griffe de son bureau et sa signature. (*Décret du 19 février 1874, art. 4.*)

95.

Les agents des postes chargés du recouvrement des effets négociables ou non négociables, venant de l'étranger et payables en France, sont autorisés à apposer sur ces écrits les timbres mobiles représentant les droits à percevoir.

L'apposition des timbres n'est faite par les agents des postes qu'au moment de l'encaissement.

Chaque timbre mobile est oblitéré immédiatement après son apposition.

L'oblitération consiste dans l'inscription, à l'encre noire usuelle et en travers du timbre :

1° Du lieu où l'oblitération est opérée;

2° De la date (quantième, mois et millésime) à laquelle elle est effectuée;

3° De la signature de l'agent des postes.

Les agents des postes peuvent, pour l'oblitération, faire usage du timbre du bureau apposé sur le timbre mobile à l'encre grasse. (*Décret du 1er avril 1880, art 1, 2 et 3.*)

96.

Les sociétés, compagnies, maisons de banque ou de commerce peuvent, pour l'oblitération, faire usage d'une griffe apposée sur le timbre à l'encre grasse et faisant connaître le nom et la raison sociale, le lieu où l'oblitération est opérée, enfin la date (quantième, mois et millésime) à laquelle elle est effectuée.

L'empreinte de cette griffe, dont le modèle doit être agréé par l'administration, est déposée, préalablement à tout usage, au bureau de l'enregistrement de la résidence de celui qui en veut faire l'emploi.

Il est délivré un récépissé de ce dépôt. (*Décret du 19 février 1874, art. 5.*)

SECTION IV.

PÉNALITÉS.

97.

En cas de contravention aux dispositions des n°ˢ 80, 82 et 85, le souscripteur, l'accepteur, le bénéficiaire ou premier endosseur de l'effet non timbré ou non visé pour timbre, sont passibles chacun d'une amende de 9 p. 100, décimes compris.

À l'égard des effets désignés au n° 80, outre l'application, s'il y a lieu, du paragraphe précédent, le premier des endosseurs résidant en France, et, à défaut d'endossement en France, le porteur, est passible de l'amende de 9 p. 100.

Si la contravention ne consiste que dans l'emploi d'un timbre inférieur à celui qui devait être employé, l'amende ne porte que sur la somme pour laquelle le droit de timbre n'a pas été payé. (*Lois des 5 juin 1850, art. 4, et 16 juin 1824, art. 12; et, pour les décimes des amendes, lois des 6 prairial an VII, art. 1er, 23 août 1871, art. 1er, 30 décembre 1873, art. 2, et 25 juin 1920, art. 110.*)

98.

Le porteur d'une lettre de change non timbrée, ou non visée pour timbre, conformément aux dispositions des n°s 80, 82 et 85, n'a d'action, en cas de non-acceptation, que contre le tireur; en cas d'acceptation, il a seulement action contre l'accepteur et contre le tireur, si ce dernier ne justifie pas qu'il y avait provision à l'échéance.

Le porteur de tout autre effet sujet au timbre et non timbré ou non visé pour timbre conformément aux mêmes dispositions, n'a d'action que contre le souscripteur.

Toutes stipulations contraires sont nulles. (*Loi du 5 juin 1850, art. 5.*)

99.

Les contrevenants sont soumis solidairement au payement du droit de timbre et des amendes indiquées au n° 97. Le porteur fait l'avance de ce droit et de ces amendes, sauf son recours contre ceux qui en sont passibles. Ce recours s'exerce devant la juridiction compétente pour connaître de l'action en remboursement de l'effet. (*Loi du 5 juin 1850, art. 6.*)

100.

Il est interdit à toutes personnes, à toutes sociétés, à tous établissements publics, d'encaisser ou de faire encaisser pour leur compte ou pour le compte d'autrui, même sans leur acquit, des effets de commerce non timbrés ou non visés pour timbre, sous peine d'une amende de 9 p. 100, décimes compris, du montant des effets encaissés. (*Loi du 5 juin 1850, art. 7 ; et pour les décimes des amendes, lois des 6 prairial an vii, art. 1er, 23 août 1871, art. 1er, 30 décembre 1873, art. 2, et 25 juin 1920, art. 110.*)

101.

Toute mention ou convention de retour sans frais, soit sur le titre, soit en dehors du titre, est nulle, si elle est relative à des effets non timbrés ou non visés pour timbre. (*Loi du 5 juin 1850, art. 8.*)

102.

Les dispositions des nos 80, 82, 85 et 97 à 101 sont applicables aux lettres de change, billets à ordre ou autres effets souscrits en France et payables hors de France. (*Loi du 5 juin 1850, art. 9.*)

103.

En cas de contravention au n° 79, le souscripteur, le bénéficiaire ou le porteur sont passibles chacun de l'amende de 9 p. 100, décimes compris, indiquée au n° 97.

Sont également applicables, en cas de contravention, les dispositions des nos 99 et 100. (*Lois des 6 prairial an vii, art. 6, et 19 février 1874, art. 4.*)

104.

Aucun notaire ou huissier ne peut protester un effet négociable ou de commerce non timbré sous peine de supporter personnellement une amende de trente francs, décimes compris, pour chaque contravention; il est tenu, en outre, d'avancer le droit de timbre et les amendes encourues dans les cas spécifiés par les dispositions qui précèdent, sauf son recours contre les contrevenants. (*Loi du 24 mai 1834, art. 23, 2e alinéa.*)

105.

Sont considérés comme non timbrés les effets sur lesquels le timbre mobile aurait été apposé sans l'accomplissement des conditions prescrites ou sur lesquels aurait été apposé un timbre mobile ayant déjà servi.

En conséquence, toutes les dispositions pénales et autres concernant les actes, pièces ou écrits non timbrés, peuvent leur être appliquées. (*Loi du 11 juin 1859, art. 20.*)

SECTION V.

RÈGLES SPÉCIALES AUX BILLETS DE BANQUE.

106.

Les droits de timbre à la charge de la Banque de France sont perçus au taux de 0 fr. 50 centimes p. 1,000, sur la quotité moyenne des billets au porteur ou à ordre qu'elle a tenus en circulation pendant le cours de l'année, correspondant aux opérations productives et commerciales telles que l'escompte, le prêt ou les avances.

La quotité des billets au porteur ou à ordre formant le complément de la circulation moyenne est passible d'un droit de timbre de 0 fr. 20 par 1,000 francs, sans décimes. (*Lois des 30 juin 1840, art. 9, 13 juin 1878, art. 2, et 22 décembre 1878, art. 1er.*)

107.

Pour la perception des droits de timbre sur les billets de la Banque de France au porteur ou à ordre, il est procédé de la manière suivante :

On relève par chaque jour de travail tant à Paris que dans les succursales :

1° Le montant des billets au porteur ou à ordre en circulation ainsi que cela se pratique actuellement;

2° Le solde débiteur des comptes : portefeuille, avances sur titres et sur matières d'or et d'argent, billets à ordre en circulation.

Ces relevés sont récapitulés par la Banque sur deux états dont le total, divisé par le nombre de jours de travail, présente : le premier, la moyenne de la circulation des billets au porteur ou à ordre pour l'année; le second, la moyenne pour cette même année des opérations productives de la Banque.

Le chiffre formant la moyenne des opérations productives est retranché du chiffre moyen de la circulation, et la différence représente la partie de la circulation fiduciaire passible du droit de timbre de o fr. 20 pour 1,000 francs seulement. (*Arrêté ministériel du 24 juin 1878.*)

108.

Les billets au porteur émis par la banque d'Algérie et ses succursales sont affranchis de la formalité préalable du timbre proportionnel. Le droit est perçu par voie d'abonnement conformément au n° 106.

Est seule passible du tarif indiqué au n° 82 la partie de la circulation excédant l'encaisse en numéraire.

Le complément est passible d'un droit de o fr. 20 par 1,000 francs, sans décimes. (*Loi du 5 juillet 1900, art. 14.*)

SECTION VI.

RÈGLES SPÉCIALES AUX WARRANTS.

109.

Le warrant est passible du droit de timbre des effets de commerce. Il en est de même du warrant hôtelier créé par la loi du 8 août 1913.

Sont applicables aux warrants endossés séparément des récépissés, les dispositions des n°° 80, 82, 85, 88 à 102.

L'endossement d'un warrant séparé du récépissé non timbré ou non visé pour timbre conformément à la loi, ne peut être transcrit ou mentionné sur les registres du magasin, sous peine, contre l'administration du magasin, d'une amende égale au montant du droit auquel le warrant est soumis. Cette amende est soumise à cinq décimes.

Les dépositaires des registres des magasins généraux sont tenus de les communiquer aux préposés de l'enregistrement selon le mode prescrit par l'article 54 de la loi du 22 frimaire an VII, et sous les peines y énoncées. (*Lois des 28 mai 1858, art. 13, 30 avril 1906, art. 17, et 8 août 1913, art 15, et, pour les décimes de l'amende, lois des 6 prairial an VII, art. 1er, 23 août 1871, art. 1er, 30 décembre 1873, art. 2, et 25 juin 1920, art. 110.*)

110.

Le droit de timbre auquel les warrants endossés séparément des récépissés sont soumis en vertu de la disposition qui précède peut être acquitté par l'apposition sur ces effets des timbres mobiles indiqués aux n° 89 à 91. (*Loi du 2 juillet 1862, art. 25.*)

111.

Ces timbres mobiles peuvent être apposés sur les warrants endossés séparément des récépissés.

Le timbre mobile est collé au dos du warrant par le premier endosseur, qui doit le placer au-dessus de l'endossement et l'annuler immédiatement, soit en y inscrivant les mentions prévues au n° 94, soit au moyen de la griffe préalablement agréée par l'Administration, conformément au n° 96. (*Décrets des 29 octobre 1862, art. 3, et 19 février 1874, art. 4.*)

SECTION VII.

RÈGLES SPÉCIALES AUX ENTREPRISES FRANÇAISES DE CAPITALISATION.

112.

Le droit de timbre auquel sont soumis les polices et contrats souscrits par les entreprises françaises ou étrangères de capitalisation assujetties à la loi du 19 décembre 1907 est fixé à 2 francs par 1,000 francs du capital promis par la police, sans addition de décimes. (*Loi du 25 juin 1920, art. 38.*)

113.

Ce droit de timbre de 2 francs par 1,000 francs est perçu uniquement au moyen de la formalité du timbre à l'extraordinaire. (*Décret du 12 novembre 1920, art. 1er.*)

114.

L'opération du timbrage est effectuée à l'Atelier général du timbre, à Paris, dans les conditions prévues par l'arrêté du Ministre des Finances du 1er mars 1869. (*Décret du 12 novembre 1920, art. 2.*)

TITRE IV.

Timbre des quittances.

SECTION I.

GÉNÉRALITÉS. — TARIF.

115.

Sauf les exemptions prévues au n° 362, sont soumis à un droit de timbre de 25 centimes, quand les sommes n'excèdent pas 100 francs, de 50 centimes, quand les sommes sont comprises entre 100 et 1,000 francs, et de 1ʳ franc, quand les sommes excèdent 1,000 francs, les titres, de quelque nature qu'ils soient, signés ou non signés, faits sous signatures privées, qui constatent des payements ou des versements de sommes, quels que soient le caractère civil ou commercial du payement ou du versement et la qualité de celui qui le reçoit ou l'effectue.

Sont soumis à un droit de timbre de 25 centimes les titres comportant reçu pur et simple, libération ou décharge de titres, valeurs ou objets. (*Loi du 25 juin 1920, art. 55.*)

116.

Ce droit n'est applicable qu'aux actes faits sous signatures privées et ne contenant pas de dispositions autres que celles spécifiées au numéro précédent. (*Loi du 23 août 1871, art. 18.*)

117.

Les quittances de produits et revenus de toute nature délivrées par les comptables de deniers publics sont assujetties au droit de timbre indiqué au n° 115 pour les quittances ou reçus délivrés par les particuliers, sauf les exceptions prévues au n° 312, 3°. Toutefois, leur délivrance reste obligatoire, et le prix du timbre, lorsqu'il est exigible, s'ajoute de plein droit au montant de la somme due et est soumis au même mode de payement. (*Loi du 25 juin 1920, art. 56.*)

118.

Les quittances des douanes et des contributions indirectes restent soumises au timbre qui leur est spécial.

Toutefois, les quittances de droits de statistique délivrées par l'administration des douanes ne sont pas passibles de ce droit de timbre spécial de douane, édicté par l'article 19 de la loi du 28 avril 1816. Elles sont soumises, pour les perceptions supérieures à dix francs (10 fr.), au droit de timbre indiqué au n° 115. (*Lois des 25 juin 1920, art. 56, et 29 mars 1897, art. 8.*)

119.

Il n'est délivré de récépissé de télégramme déposé que sur la demande de l'expéditeur et contre le payement de la taxe indiquée au n° 115. (*Décret du 16 avril 1878, art. 1.*)

120.

Les quittances de répartition données par les créanciers en matière de faillite sont soumises au même droit de timbre. (*Loi du 26 janvier 1892, art. 10.*)

SECTION II.

MODE DE PERCEPTION.

121.

Il est créé, pour l'acquittement du droit de timbre sur les quittances, reçus ou décharges, une série de timbres mobiles à 25 centimes, 50 centimes et 1 franc, savoir :

A 25 centimes, pour les titres comportant reçu pur et simple, libération ou décharge de titres, valeurs ou objets et pour les titres qui constatent des payements ou des versements de sommes n'excédant pas 100 francs;

A 50 centimes, pour les titres qui constatent des payements ou des versements de sommes comprises entre 100 et 1,000 francs;

A 1 franc, pour les titres qui constatent des payements ou des versements de sommes excédant 1,000 francs. (*Art. 1er du décret du 28 juillet 1920.*)

122.

Il est créé une série de types à 25 centimes, 50 centimes et 1 franc destinés à timbrer à l'extraordinaire, savoir :

A 25 centimes, les titres comportant reçu pur et simple, libération ou décharge de titres, valeurs ou objets et les titres qui constatent des payements ou des versements de sommes n'excédant pas 100 francs;

A 50 centimes, les titres qui constatent des payements ou des versements de sommes comprises entre 100 et 1,000 francs;

A 1 franc, les titres qui constatent des payements ou des versements de sommes excédant 1,000 francs. (*Art. 2 du décret du 28 juillet 1920.*)

123.

Le payement du droit de timbre dû sur une quittance ou reçu peut être constaté au moyen de l'apposition d'un ou de plusieurs timbres mobiles. (*Décret du 28 juillet 1920, art. 3.*)

124.

Les timbres mobiles visés au n° 121 sont apposés sur les écrits passibles de l'impôt. Ils sont collés et immédiatement oblitérés par l'apposition, *à l'encre noire,* en travers du timbre, de la signature du créancier ou de celui qui a donné reçu ou décharge, ainsi que la date de l'oblitération.

Cette signature peut être remplacée par une griffe apposée, *à l'encre grasse,* faisant connaître la résidence, le nom ou la raison sociale du créancier et la date de l'oblitération du timbre. (*Art. 4 du décret précité.*)

125.

L'annulation des timbres mobiles sur les quittances délivrées par les comptables de deniers publics se fait par l'apposition de la grille réglementaire, appliquée à l'encre grasse, de manière qu'une partie de l'empreinte soit imprimée sur la feuille de papier de chaque côté du timbre mobile. (*Art. 5 du décret précité.*)

126.

Les ordonnances, taxes, exécutoires et généralement tous mandats payables sur les caisses publiques, les bordereaux, quittances, reçus ou autres pièces, peuvent être revêtus du timbre à 25, 50 centimes ou 1 franc par les agents chargés du payement. Le timbre est oblitéré au moyen d'une griffe, conformément au numéro qui précède, par ces agents qui demeurent responsables des contraventions commises à raison des pièces acquittées à leurs caisses.

Les sociétés et compagnies, assureurs, entrepreneurs de transport et tous autres assujettis aux vérifications des agents de l'Enregistrement peuvent également, sous leur responsabilité, user de la même faculté, en ce qui concerne les actions, obligations, dividendes et intérêts payables au porteur, les rentes sur l'étranger, ainsi que toutes autres pièces de dépenses, états de soldes et d'émargement.

Il en est de même, pour les personnes visées au 4° alinéa du n° 128 ci-après qui, sans être assujetties aux vérifications de l'Administration de l'Enregistrement, ont pris l'engagement de s'y soumettre. (*Art. 6 du décret précité.*)

127.

Les sociétés, compagnies et particuliers qui, pour s'affranchir de l'obligation d'apposer et d'oblitérer les timbres mobiles, veulent soumettre au timbre à l'extraordinaire des formules imprimées pour quittances, reçus ou décharges, sont tenus de déposer ces formules et d'acquitter les droits au bureau de l'enregistrement de leur résidence ou à celui qui est désigné par l'Administration, s'il existe plusieurs bureaux dans la même ville.

Il n'est accordé aucune remise à titre de déchet. (*Art. 7 du décret pré-cité.*)

128.

Il est créé une série de timbres mobiles à 5, 10 et 15 francs qui sont exclusivement destinés à timbrer les états dits d'émargement, les registres de factage et de camionnage et autres documents constatant des paye-ments ou versements de sommes et des remises ou décharges de titres, valeurs ou objets, et pour lesquels il est dû un droit de 0 fr. 25 pour chaque objet reçu ou déposé et un droit de 0 fr. 25, 0 fr. 50 ou 1 franc pour chaque payement excédant 10 francs.

Ces timbres ne peuvent être employés que par les comptables de deniers publics, les agents spéciaux des services régis par économie, les trésoriers des corps de troupes, et par les sociétés, assureurs, entrepreneurs de transport et autres personnes assujetties aux vérifications des agents de l'Enregistrement d'après les lois en vigueur.

Ils sont apposés et oblitérés, ainsi que les timbres de 0 fr. 25, 0 fr. 50 et 1 franc employés pour l'appoint par les personnes désignées à l'alinéa qui précède, sous les conditions et sous les responsabilités indiquées au n° 126.

Les personnes qui, sans être assujetties par la loi aux vérifications des agents de l'enregistrement, prennent l'engagement de s'y soumettre, peuvent être autorisées par l'administration à user des dispositions qui précèdent. Cette autorisation peut toujours être retirée. (*Art. 8 du décret précité.*)

129.

Les billets de place délivrés par les compagnies et entrepreneurs et dont le prix excède 10 francs peuvent, si la demande en est faite, n'être revê-tus d'aucun timbre, mais ces compagnies et entrepreneurs sont tenus de se conformer aux modes de justification et aux époques de payement déter-minés par l'administration.

La même facilité de payement de l'impôt peut être accordée à tout commerçant ou industriel qui se soumettra aux conditions et produira les justifications arrêtées par l'Administration. (*Art. 9 du décret précité.*)

130.

La couleur des timbres mobiles visés aux n°ˢ 121 et 128 peut être modifiée par décision du Ministre des Finances. (*Art. 10 du décret précité.*)

131.

Les agents des postes chargés du recouvrement des factures sont autorisés à apposer sur ces écrits les timbres mobiles représentant les droits à percevoir.

L'apposition des timbres n'est faite par les agents des postes qu'au moment de l'encaissement.

Sont applicables en cette matière, les dispositions des alinéas 2 et suivants du n° 95. (*Décret du 1ᵉʳ avril 1880, art. 1 à 3.*)

SECTION III.

DÉBITEURS DU DROIT. — PÉNALITÉS. — POURSUITES.

132.

Toute contravention aux dispositions qui précèdent est punie d'une amende de 75 francs, décimes compris. L'amende est due pour chaque acte, écrit, quittance, reçu ou décharge pour lequel le droit de timbre n'aurait pas été acquitté.

Le droit de timbre est à la charge du débiteur; néanmoins, le créancier qui a donné quittance, reçu ou décharge en contravention aux dispositions du n° 115, est tenu personnellement et sans recours, nonobstant toute stipulation contraire, du montant des droits, frais et amendes. (*Loi du 23 août 1871, art. 23.*)

Toutefois, le timbre des quittances fournies à la République ou délivrées en son nom est à la charge des particuliers qui les donnent ou les reçoivent. (*Rapp. n° 8 supra, et loi du 13 brumaire an VII, art. 29; pour les décimes, voir les lois citées au n° 18.*)

133.

La contravention est suffisamment établie par la représentation des pièces non timbrées et annexées aux procès-verbaux que les employés de l'enregistrement, les officiers de police judiciaire, les agents de la force publique, les préposés des douanes, des contributions indirectes et ceux des octrois, sont autorisés à dresser, conformément aux nᵒˢ 22 et 23. Il leur est attribué un quart des amendes recouvrées.

Les instances sont instruites et jugées selon les formes indiquées au nᵒ 24. (*Loi du 23 août 1871, art. 23.*)

134.

Sont applicables aux timbres visés aux nᵒˢ 121 et 128 les dispositions du nᵒˢ 11.

Sont considérés comme non timbrés :

1ᵒ Les actes, pièces ou écrits sur lesquels le timbre mobile aurait été apposé sans l'accomplissement des conditions indiquées aux nᵒˢ 124, 125 et 126, ou sur lesquels aurait été apposé un timbre ayant déjà servi;

2ᵒ Les actes, pièces ou écrits, sur lesquels un timbre mobile aurait été apposé en dehors des cas prévus au nᵒ 115. (*Loi du 23 août 1871, art. 24.*)

TITRE V.

Timbre des chèques et des ordres do virement.

SECTION I.

CHÈQUES.

135.

Sont soumis à un droit de timbre de dix centimes les chèques sur place, tels qu'ils sont définis par la loi du 14 juin 1865. (*Lois des 23 août 1871, art. 18, et 19 février 1874, art. 8.*)

136.

Les chèques ne peuvent être remis à celui qui doit en faire usage sans qu'ils aient été préalablement revêtus de l'empreinte du timbre à l'extraordinaire. (*Loi du 23 août 1871, art. 18.*)

137.

Les chèques de place à place sont assujettis à un droit de timbre fixe de 0 fr. 20. (*Loi du 19 février 1874, art. 8.*)

138.

Toute contravention aux dispositions des n°° 135 et 136 est punie d'une amende de 75 francs, décimes compris. (*Loi du 23 août 1871, art. 23; et, pour les décimes des amendes, lois des 6 prairial an VII, art. 1er, 23 août 1871, art. 1er, 30 décembre 1873, art. 2, et 25 juin 1920, art. 110.*)

139.

Sont applicables aux chèques de place à place non timbrés conformément au n° 137, les dispositions pénales des n°ˢ 97, 98, 99, 100 et 101.

Le droit de timbre additionnel peut être acquitté au moyen d'un timbre mobile de o fr. 10. (*Loi du 19 février 1874, art. 8.*)

140.

Toutes les dispositions relatives aux chèques tirés de France sont applicables aux chèques tirés hors de France et payables en France.

Les chèques peuvent, avant tout endossement en France, être timbrés avec des timbres mobiles.

Si le chèque tiré hors de France n'a pas été timbré conformément aux dispositions ci-dessus, le bénéficiaire, le premier endosseur, le porteur ou le tiré, sont tenus, sous peine d'une amende de 9 p. 100, décimes compris, de le faire timbrer aux droits indiqués au n° 137 avant tout usage en France.

Si le chèque tiré hors de France n'est pas souscrit conformément aux prescriptions de l'art. 1ᵉʳ de la loi du 14 juin 1865 et de l'art. 5 de celle du 19 février 1874, il est assujetti aux droits de timbre des effets de commerce. Dans ce cas, le bénéficiaire, le premier endosseur, le porteur ou le tiré sont tenus de le faire timbrer avant tout usage en France, sous peine d'une amende de 9 p. 100, décimes compris.

Toutes les parties sont solidaires pour le recouvrement des droits et amendes. (*Loi du 19 février 1874, art. 9*; et, pour les décimes des amendes, *lois des 6 prairial an VII, art 1ᵉʳ, 23 août 1871, art. 1ᵉʳ, 30 décembre 1873, art. 2, et 25 juin 1920, art. 110.*)

141.

Celui qui paye un chèque sans exiger qu'il soit acquitté est passible, personnellement et sans recours, d'une amende de 75 francs, décimes compris. (*Loi du 19 février 1874, art 7*; et, pour les décimes des amendes, *les lois citées au numéro précédent.*)

142.

Le tireur qui émet un chèque sans date, ou non daté en toutes lettres, s'il s'agit d'un chèque de place à place, celui qui revêt un chèque d'une fausse date ou d'une fausse énonciation du lieu où il est tiré, est passible d'une amende de 9 p. 100, décimes compris, de la somme pour laquelle le chèque est tiré, sans que cette amende puisse être inférieure à 150 francs, décimes compris.

La même amende est due personnellement et sans recours par le premier endosseur ou le porteur d'un chèque sans date ou non daté en toutes lettres, s'il est tiré de place à place ou portant une date postérieure à l'époque à laquelle il est endossé ou présenté. Cette amende est due, en outre, par celui qui paye ou reçoit en compensation un chèque sans date ou irrégulièrement daté ou présenté au payement avant la date d'émission. (*Lois des 14 juin 1865, art. 6, et 19 février 1874, art. 6; et, pour les décimes de l'amende, les lois citées au n° 140.*)

143.

Celui qui émet un chèque sans provision préalable et disponible est passible de la même amende.

Si la provision est inférieure au montant du chèque, l'amende ne porte que sur la différence entre le montant de la provision et le montant du chèque.

Celui qui a, de mauvaise foi, émis un chèque sans provision préalable et disponible, ou qui a retiré, après l'émission, tout ou partie de la provision est passible d'une peine d'emprisonnement de deux mois à deux ans et d'une amende qui ne peut excéder, en principal, le double de la valeur nominale du chèque ni être inférieure, en principal, au quart de cette valeur. Cette amende est soumise à cinq décimes.

L'article 463 Code pénal est applicable au présent délit.

Si la provision est inférieure au montant du chèque, celui-ci produit tous les effets attachés au chèque régulier jusqu'à concurrence de la dite provision. *Loi du 2 août 1917, art 1er; et, pour les décimes des amendes, les lois citées au n° 140.*)

5.

SECTION II.

ORDRES DE VIREMENT EN BANQUE.

144.

Est soumis à un droit de timbre de dix centimes tout écrit, désigné communément sous le nom d'ordre de virement en banque, par lequel un particulier ou une collectivité donne à un banquier l'ordre de porter une somme au crédit du compte d'un tiers et de le débiter de pareille somme.

Ce droit est porté à vingt centimes pour les ordres de virement qui doivent être exécutés sur une place autre que celle où ils ont été donnés.

Il n'est pas soumis aux décimes.

Aucun ordre de virement ne peut être remis au banquier qui doit en faire usage sans avoir été préalablement revêtu, soit d'un timbre mobile, soit de l'empreinte du timbre à l'extraordinaire.

Le souscripteur d'un ordre de virement non timbré ou insuffisamment timbré est puni de l'amende de 75 francs, décimes compris, prévue au n° 138, à moins qu'il ne s'agisse d'un ordre de virement devant être exécuté sur une place autre que celle d'où il a été donné.

Dans ce dernier cas, le souscripteur de l'ordre de virement non timbré ou insuffisamment timbré et le banquier qui aura exécuté cet ordre sont passibles chacun de l'amende de 9 p. 100 décimes compris, indiquée au n° 97; ils sont en outre soumis solidairement au payement tant de ces amendes que du droit de timbre.

Si l'ordre de virement, donné par une personne résidant hors de France, doit être exécuté en France, le banquier qui le reçoit est tenu, sous peine de l'amende de 9 p. 100, décimes compris, de le faire timbrer au droit de o fr. 20 avant tout usage. (*Loi du 30 juillet 1913, art. 12; et, pour les décimes des amendes, lois des 6 prairial an VII, art. 1er, 23 août 1871, art. 1er, 30 décembre 1873, art. 2, et 25 juin 1920, art. 110.*)

145.

Toutes les dispositions du numéro qui précède sont applicables dans le cas où l'ordre de virement est donné à un agent de change. (*Loi du 15 juillet 1914, art. 30.*)

SECTION III.

RÈGLES RELATIVES AU TIMBRAGE DES CHÈQUES ET DES ORDRES DE VIREMENT.

146.

Il est créé deux types conformes aux modèles fixés par décret, destinés à timbrer à l'extraordinaire : le premier, au tarif de o fr. 10, les chèques tirés sur place et les ordres de virement qui doivent être exécutés sur la même place; le second, au tarif de o fr. 20, les chèques de place à place et les ordres de virement qui doivent être exécutés sur une place autre que celle d'où ils ont été donnés. (*Décrets des 9 octobre 1913, art. 1er, et 2 février 1915, art. 1er.*)

147.

Les timbres mobiles à o fr. 10 et à o fr. 20 créés en exécution de l'article 1er du décret du 20 janvier 1915 peuvent être employés par toute personne pour le timbrage des écrits désignés communément sous le nom d'ordres de virement en banque par lesquels un particulier ou une collectivité donne à un banquier ou à un agent de change l'ordre de porter une somme au crédit du compte d'un tiers et de le débiter de pareille somme. (*Décrets des 12 octobre 1913, art 1er, et 20 janvier 1915, art. 3.*)

148.

Les agents des postes chargés du recouvrement des chèques venant de l'étranger et payables en France sont autorisés à apposer sur ces écrits, dans les conditions prévues au n°s 95 et 131, les timbres mobiles représentant les droits à percevoir. (*Décret du 1er avril 1880, art. 1er et 2.*)

TITRE VI.

Timbre des affiches.

SECTION I.

AFFICHES SUR PAPIER ORDINAIRE IMPRIMÉES OU MANUSCRITES.

149.

Les affiches sur papier ordinaire, imprimées ou manuscrites sont assujetties à un droit de timbre dont la quotité est fixée de la manière suivante :

Pour les affiches dont la dimension ne dépasse pas 12 décimètres et demi carrés, o fr. 12, décimes compris;

Au-dessus de 12 décimètres et demi jusqu'à 25 décimètres carrés, o fr. 24, décimes compris;

Au-dessus de 25 décimètres jusqu'à 50 décimètres carrés, o fr. 36, décimes compris;

Au-dessus de 50 décimètres carrés jusqu'à 2 mètres carrés, o fr. 48, décimes compris;

Au-delà de cette dimension, o fr. 24 en plus, décimes compris, par mètre carré ou fraction de mètre carré.

Les auteurs des affiches sur papier ordinaire, imprimées ou manuscrites, encourent une amende de 7 fr. 50, décimes compris, par chaque exemplaire apposé sans avoir été préalablement timbré ou revêtu de timbres mobiles régulièrement oblitérés. (*Lois des 8 avril 1910, art. 16 et 25 juin 1920, art. 41; et, pour les décimes du droit de timbre, loi du 23 août 1871, art. 2; — pour les décimes de l'amende, lois des 6 prairial an VII, art. 1er, 23 août 1871, art. 1er, 30 décembre 1873, art. 2, et 25 juin 1920, art. 110.*)

6.

150.

Le papier pour affiches n'est pas fourni par l'Administration de l'Enregistrement. Les particuliers feront timbrer le papier dont ils voudront faire usage. (*Loi du 15 mai 1818, art. 76.*)

Peuvent aussi être timbrés au moyen de timbres mobiles les papiers destinés à l'impression des affiches. (*Loi du 27 juillet 1870, art. 6.*)

Les timbres mobiles sont collés par les soins des imprimeurs et à leurs risques et périls. Ces timbres sont apposés de manière qu'ils soient oblitérés par l'impression de deux lignes au moins du texte de l'affiche.

Dans le cas où, par suite de la disposition des caractères typographiques, l'oblitération ne peut avoir lieu ainsi qu'il est prescrit par l'alinéa précédent, il y est suppléé par une griffe apposée à l'encre grasse, en travers du timbre, et faisant connaître le nom de l'imprimeur ou la raison sociale de sa maison de commerce, ainsi que la date de l'oblitération. (*Décret du 21 décembre 1872, art. 2.*)

Toutefois, les auteurs des affiches sont autorisés à les timbrer eux-mêmes, après l'impression, par l'apposition des timbres mobiles créés en exécution du 1ᵉʳ alinéa de la présente disposition. (*Loi du 28 décembre 1895, art. 9.*)

Dans ce cas, les timbres mobiles sont collés, avant l'affichage, aux risques et périls de l'auteur de l'affiche, et oblitérés soit par l'inscription, en travers du timbre, de la date de l'oblitération et de la signature de l'auteur de l'affiche, soit par l'apposition, en travers du timbre, d'une griffe à l'encre grasse, faisant connaître le nom de l'auteur de l'affiche ou la raison sociale de sa maison de commerce, ainsi que la date de l'oblitération. (*Décret du 2 janvier 1896, art. 1ᵉʳ.*)

151.

Les timbres mobiles créés en exécution de la disposition précédente, 1ᵉʳ alinéa, pour les affiches imprimées, peuvent être employés à l'acquittement des droits de timbre des autres affiches sur papier. Le timbre mobile est collé, avant l'affichage, au recto de chaque affiche non imprimée. Il est oblitéré soit par l'inscription d'une ou plusieurs lignes du texte de l'affiche, soit par l'application, en travers du timbre, de la date de l'oblitération et de la signature de l'auteur de l'affiche, soit enfin par l'apposition, en travers du timbre, d'une griffe faisant connaître le nom et la résidence de l'auteur de l'affiche. (*Loi du 30 mars 1880, art 1er et 2.*)

152.

Sont applicables aux timbres mobiles visés par les numéros qui précèdent les dispositions pénales des n°s 11 et 105. (*Lois des 27 juillet 1870, art. 6, et 30 mars 1880, art. 2.*)

153.

Les auteurs et imprimeurs des affiches sont solidairement tenus de l'amende, sauf leur recours les uns contre les autres. (*Loi du 9 vendémiaire an VI, art. 61.*)

Toutefois, cette disposition ne s'applique pas en ce qui concerne l'imprimeur, quand la contravention est le fait de l'auteur de l'affiche. (*Loi du 28 décembre 1895, art. 10.*)

Les afficheurs sont, en outre, condamnés aux peines de simple police déterminées par l'art. 474 du Code pénal. (*Loi du 28 avril 1816, art. 69.*)

154.

Les contraventions aux dispositions qui précèdent sont constatées conformément au n° 166 ci-après. (*Loi du 30 mars 1880, art. 3.*)

SECTION II.

AFFICHES SUR PAPIER PRÉPARÉ OU PROTÉGÉES.

155.

Les affiches ayant subi une préparation quelconque en vue d'en assurer la durée, soit que le papier ait été transformé ou préparé, soit qu'elles se trouvent protégées par un verre, un vernis ou une substance quelconque, soit qu'antérieurement à leur apposition on les ait collées sur une toile, plaque de métal, etc., sont assujetties à un droit de timbre égal à deux fois celui indiqué au n° 149.

Le timbrage peut avoir lieu à l'extraordinaire lorsque la nature de l'affichage le permet. Dans le cas contraire, les prescriptions des n°s 159 et suivants sont applicables.

Toute contravention aux prescriptions du présent numéro et aux dispositions susvisées des n° 159 et suivants est punie d'une amende de 15 francs, décimes compris, par affiche. (*Loi du 8 avril 1910, art. 17; et, pour les décimes de l'amende, lois des 6 prairial an VII, art. 1er, 23 août 1871, art. 1er, 30 décembre 1873, art. 2, et 25 juin 1920, art. 110.*)

156.

Les affiches sur papier ordinaire, imprimées ou manuscrites, qui sont apposées, soit dans un lieu couvert public, soit dans une voiture, quelle qu'elle soit, servant au transport du public, sont assimilées, en ce qui concerne le tarif du droit de timbre exigible, aux affiches sur papier préparé ou protégées visées par le numéro qui précède. (*Loi du 30 juillet 1913, art. 11.*)

157.

Par dérogation aux dispositions des derniers alinéas des n° 149 et 155, l'afficheur est seul tenu du payement des droits et amendes exigibles conformément au numéro précédent, à raison de l'apposition dans un lieu couvert public de calendriers-réclames non préalablement timbrés, ni revêtus de timbres mobiles régulièrement oblitérés et ne rentrant pas dans la catégorie des enseignes visées par le n° 323.

Doit être considérée comme afficheur, pour l'application du présent texte, toute personne qui a la libre disposition ou la jouissance du lieu couvert public, soit à titre de propriétaire ou d'usufruitier, soit à titre de gérant ou d'administrateur, de locataire ou de concessionnaire. (*Loi du 15 juillet 1914, art. 33.*)

SECTION III.

AFFICHES PEINTES.

158.

Les affiches peintes et généralement toutes les affiches inscrites dans un lieu public, quand bien même ce ne serait ni sur un mur, ni sur une construction, autrement dit les affiches autres que celles imprimées ou manuscrites sur papier, sont soumises, pour toute leur durée, à un droit de timbre dont la quotité est fixée à 2 francs par mètre carré, sans addition de décimes (*Loi des 8 avril 1910, art. 18, et 25 juin 1920, art. 41.*)

Pour la liquidation du droit, toute fraction de mètre carré est comptée pour un mètre carré. (*Loi du 26 juillet 1893, art. 19.*)

159.

Toute personne qui veut inscrire des affiches dans un lieu public, sur les murs, sur une construction quelconque ou même sur une toile, au moyen de la peinture ou de tout autre procédé, est tenue, préalablement à toute inscription :

1° D'en faire la déclaration ou bureau de l'Enregistrement dans la circonscription duquel se trouvent les communes où les affiches doivent être placées, et, à Paris, à l'un des bureaux désignés à cet effet par l'Administration de l'Enregistrement;

2° D'acquitter la taxe indiquée au numéro précédent. (*Décret du 18 février 1891, art. 1er.*)

160.

La déclaration, rédigée en double minute, est datée et signée, soit par celui dans l'intérêt duquel l'affiche doit être apposée, soit par l'entrepreneur d'affichage. Elle doit contenir les énonciations suivantes :

1° Le texte de l'affiche;

2° Les nom, prénoms, profession et domicile de ceux dans l'intérêt desquels l'affiche doit être inscrite;

3° Les nom, prénoms et domicile de l'entrepreneur d'affichage;

4° La surface de l'affiche (en mètres et décimètres carrés);

5° Le nombre des exemplaires à inscrire;

6° La désignation précise des rues et places, ainsi que des maisons, des édifices, des constructions mobiles ou des emplacements où chaque exemplaire doit être inscrit.

Une déclaration particulière doit être souscrite pour chaque affiche ou annonce distincte et pour la circonscription de chaque bureau d'enregistrement.

Un double de la déclaration reste au bureau de l'Enregistrement; l'autre, revêtu de la quittance du receveur, est remis au déclarant. (*Décret du 18 février 1891, art. 2.*)

Les droits payés ne sont jamais restituables pour quelque cause que ce soit. (*Même décret, art. 3.*)

161.

En cas de cession de fonds de commerce, de changement d'adresse, de modification apportée au nom ou à la raison sociale, une déclaration, appuyée des pièces justificatives nécessaires, doit être faite au bureau de l'Enregistrement avant que les indications relatives au nom, à la raison sociale ou à l'adresse soient modifiées sur l'affiche. Cette déclaration est faite pour ordre et ne donne pas lieu au payement d'un nouveau droit. (*Même décret, art. 4.*)

162.

Toute affiche doit porter, dans la partie inférieure à gauche, l'indication, en caractères suffisamment apparents, de la date et du numéro de la quittance de la taxe.

Les personnes chargées de l'inscription de l'affiche sont tenues, pendant l'exécution des travaux, de représenter l'exemplaire de la déclaration remis à la partie, ou un duplicata régulier de cette déclaration, à tous les agents chargés de constater les contraventions. Elles doivent interrompre les travaux si l'exemplaire ou le duplicata de la déclaration ne peut être représenté. (*Même décret, art. 5.*)

163.

Les entrepreneurs d'affichage sont tenus, avant de commencer leurs opérations, de faire au bureau de l'Enregistrement du siège de leur établissement et à celui du siège de chaque agence une déclaration constatant la nature de leur industrie, leur nom, et celui de leur agent local. (*Même décret, art. 6*).

164.

Les entrepreneurs d'affichage sont tenus d'avoir, dans chaque agence, un répertoire coté, paraphé et visé par le Juge de Paix et sur lequel ils portent, par ordre de date, les affiches peintes et autres affiches visées au n° 158, et qui ont été inscrites par leur intermédiaire. Ce répertoire contient l'énonciation sommaire de la personne pour laquelle l'affiche a été apposée, de la dimension de l'affiche et des lieux où elle est placée ainsi que l'indication du droit payé, de la date et du numéro de la quittance.

Ce répertoire est soumis au visa des préposés de l'Enregistrement selon le mode indiqué par la loi du 22 frimaire an vii, et toutes les fois qu'ils le requièrent. (*Même décret, art. 7.*)

165.

Les entrepreneurs d'affichage qui ont présenté une caution solvable agréée par l'Administration de l'Enregistrement et qui ont contracté l'engagement de représenter à toute réquisition tous leurs registres et traités aux préposés de l'Enregistrement, sont autorisés à recevoir les déclarations particulières prévues au n° 160 et les payements afférents à ces déclarations.

Ils inscrivent ces déclarations et payements avec une seule série de numéros d'ordre sur un registre conforme au modèle arrêté par l'Administration de l'Enregistrement et qui est coté et paraphé par le Directeur du département.

Chaque exemplaire d'affiche ainsi apposée porte le nom de l'entrepreneur d'affichage dans la partie inférieure à droite, ainsi que la date et le numéro d'inscription de l'affiche au registre mentionné au paragraphe précédent.

Dans les dix premiers jours de chaque trimestre, les déclarations particulières sont remises au bureau de l'Enregistrement, avec des états récapitulatifs et le montant des droits, dans les conditions qui sont déterminées par l'Administration de l'Enregistrement.

Les ouvriers chargés de l'inscription des affiches, pour lesquelles la déclaration a été faite chez un entrepreneur d'affichage, sont tenus, pendant l'exécution des travaux, de représenter à tous les agents chargés de constater les contraventions un bulletin indiquant le numéro d'ordre sous lequel l'affiche figure sur le registre prévu au deuxième paragraphe du présent numéro. Ils doivent interrompre les travaux si le bulletin ne peut être représenté.

L'autorisation prévue au paragraphe 1er peut être retirée par une décision du Directeur Général de l'Enregistrement notifiée dans la forme administrative, en cas de contravention, de faillite, de liquidation judiciaire de l'entrepreneur, ou dans le cas où la caution agréée cesse d'être solvable. (*Même décret, art. 8.*)

166.

Les contraventions aux dispositions qui précèdent sont constatées par des procès-verbaux rapportés, soit par les préposés de l'Administration de l'Enregistrement des Domaines et du Timbre, soit par les commissaires de police, gendarmes, gardes-champêtres et tous autres agents de la force publique.

Il est accordé, à titre d'indemnité, aux gendarmes, gardes-champêtres et autres agents de la force publique qui ont constaté les contraventions, un quart des amendes payées par les contrevenants. (*Même décret, art. 10 et 11.*)

167.

Toute infraction aux dispositions des n°ˢ 158 à 166 est punie d'une amende de 150 francs, décimes compris, sans préjudice du payement des droits dont le Trésor a été frustré.

Le payement de la taxe et des amendes peut être poursuivi solidairement contre ceux dans l'intérêt desquels l'affiche a été apposée et l'entrepreneur d'affichage. (*Loi du 26 décembre 1890, art. 8 et 9; et, pour les décimes des amendes, lois des 6 prairial an VII, art. 1er, 23 août 1871, art. 1er, 30 décembre 1873, art. 2, et 25 juin 1920, art. 110.*)

168.

Les instances pour le recouvrement des droits et amendes visés aux n°ˢ 158 et 167, sont suivies dans la forme et d'après les règles établies par la législation spéciale du timbre. (*Décret du 18 février 1891, art. 9.*)

SECTION IV.

RÈGLE COMMUNE AUX TROIS CATÉGORIES D'AFFICHES VISÉES DANS LES SECTIONS I, II, ET III.

169.

Les affiches sur papier ordinaire, les affiches ayant subi une préparation et les affiches peintes déterminées par les dispositions des n°ˢ 149, 155 et 158 sont passibles du double du droit correspondant à leur dimension, si elles contiennent plus de cinq annonces distinctes. (*Loi du 8 avril 1910, art. 19.*)

SECTION V.

AFFICHES LUMINEUSES.

170.

Les affiches lumineuses constituées par la réunion de lettres ou de signes installés spécialement sur une charpente ou sur un support quelconque pour rendre une annonce visible tant la nuit que le jour, sont soumises à un droit de timbre dont la quotité est fixée à 20 francs par mètre carré ou fraction de mètre carré, sans addition de décimes, pour la première année, et à 10 francs pour chacune des années suivantes. Le droit est doublé pour toute affiche contenant plus de cinq annonces distinctes. La surface imposable est la surface du rectangle dont les côtés passent par les points extrêmes de la figure de l'annonce. (*Lois des 8 avril 1910, art. 20, et 25 juin 1920, art. 41.*)

La taxe est due pour une année entière, sans fraction. (*Décret du 8 février 1911, art. 2.*)

171.

Les affiches lumineuses obtenues, soit au moyen de projections intermittentes ou successives sur un transparent ou sur un écran, soit au moyen de combinaisons de points lumineux susceptibles de former successivement les différentes lettres de l'alphabet dans le même espace, soit au moyen de tout procédé analogue, sont soumises à un droit mensuel de 10 francs par mètre carré ou fraction de mètre carré, sans addition de décimes, et ce quel que soit le nombre des annonces.

Ce droit est dû par mois sans fraction et payable d'avance. (*Loi du 25 juin 1920, art. 42.*)

172.

Les prescriptions des n°s 159 à 168 sont applicables aux affiches lumineuses visées dans les deux numéros qui précèdent.

Toutefois, la déclaration au bureau d'enregistrement prévue au n° 159 doit, pour les affiches de cette catégorie, faire connaître si les parties entendent acquitter la taxe pour plusieurs années ou plusieurs mois ou si, au contraire, elles entendent effectuer ce payement chaque année ou chaque mois, tant que l'affiche subsistera.

L'année ou le mois court, pour chaque affiche, du jour de la première déclaration.

Si la déclaration ne fixe aucune durée, la taxe afférente à chaque année ou à chaque mois est exigible dans les vingt jours qui suivent l'expiration de chaque année ou dans les dix jours qui suivent l'expiration du mois précédent, et la perception est continuée d'année en année ou de mois en mois, dans les mêmes conditions, jusqu'à ce qu'il ait été déclaré au bureau de l'Enregistrement que l'affiche a été supprimée.

Lorsque les parties ont souscrit leur déclaration pour un nombre d'années ou de mois déterminé et que le terme qu'elles ont fixé est arrivé, elles payent la taxe dans les conditions prévues au paragraphe précédent, à moins qu'elles ne fassent au bureau de l'Enregistrement une déclaration indiquant ou la suppression de l'affichage ou la période nouvelle pour laquelle elles veulent acquitter la taxe. (*Décret du 8 février 1911, art. 1 et 2; loi du 25 juin 1920, art. 42.*)

173.

Toute infraction aux dispositions qui précèdent sera punie d'une amende de 7 francs 50 centimes, décimes compris, par annonce, sans préjudice des droits dont le Trésor a été frustré. (*Lois des 8 avril 1910, art. 23, et 25 juin 1920, art. 42; et, pour les décimes des amendes, lois* des 6 prairial an VII, art. 1er, 23 août 1871, art. 1er, 30 décembre 1873, art. 2, et 25 juin 1920, art. 110.)

SECTION VI.

PANNEAUX-RÉCLAMES.

174.

Les affiches, dites panneaux-réclames, affiches, écrans ou affiches sur portatif spécial, c'est-à-dire les affiches de toute nature, imprimées, peintes ou constituées au moyen de tout autre procédé, qui sont établies sur toute partie d'un immeuble bâti ou non, autre qu'un mur de maison ou de clôture, et au delà d'un périmètre de 100 mètres autour de toute agglomération de maisons ou de bâtiments, sont soumises à une taxe annuelle de timbre dont la quotité est indiquée au numéro ci-après. (*Loi du 12 juillet 1912, art. 1er.*)

175.

La taxe annuelle de timbre prévue au numéro précédent est ainsi fixée :

Cinquante francs (50 fr.) par mètre carré, pour les affiches d'une dimension inférieure à 6 mètres carrés ;

Cent francs (100 fr.) par mètre carré, pour les affiches d'une superficie de 6 mètres carrés et de moins de 10 mètres carrés ;

Deux cents francs (200 fr.) par mètre carré, pour les affiches d'une superficie comprise entre 10 mètres carrés et 20 mètres carrés ;

Quatre cents francs (400 fr.) par mètre carré, pour les affiches d'une superficie supérieure à 20 mètres carrés.

Ces tarifs sont doublés si l'affiche contient, groupées ou non, deux annonces, triplés si elle contient trois annonces, quadruplés si elle renferme quatre annonces ou plus.

Pour la liquidation du droit, toute fraction de mètre carré est comptée pour un mètre carré, et la taxe est due pour l'année entière sans fraction. (*Même loi, art. 2.*)

176.

La taxe indiquée au numéro ci-dessus est applicable à toutes les affiches spécifiées au n° 174 et qui ont été apposées postérieurement au 11 juin 1912. (*Même loi, art. 3.*)

177.

Toute personne qui veut établir des affiches dites panneaux-réclames, affiches, écrans ou affiches sur portatif spécial, c'est-à-dires des affiches de toute nature imprimées, peintes ou constituées au moyen de tout autre procédé, sur toute partie d'un immeuble bâti ou non, autre qu'un mur de maison ou de clôture et au delà d'un périmètre de 100 mètres autour de toute agglomération de maisons ou bâtiments, est tenue au préalable :

1° D'en faire la déclaration au bureau de l'enregistrement dans la circonscription duquel se trouvent les communes où les affiches doivent être placées, et à Paris, à l'un des bureaux désignés à cet effet par l'Administration de l'Enregistrement;

2° D'acquitter la taxe indiquée au n° 175. (*Décret du 22 août 1912, art. 1er.*)

178.

La déclaration rédigée en double minute, est datée et signée soit par celui ou ceux dans l'intérêt de qui l'affiche doit être apposée, soit par l'entrepreneur d'affichage. Elle doit contenir les énonciations suivantes :

1° Le texte de l'affiche;

2° Les nom, prénoms et domicile de celui ou de ceux dans l'intérêt desquels l'affiche doit être établie;

3° Les nom, prénoms et domicile de l'entrepreneur d'affichage;

4° La surface de l'affiche (en mètres et décimètres carrés);

5° Le nombre des exemplaires à établir;

6° La désignation précise des emplacements où chaque exemplaire doit être établi;

7° Le nombre d'années pour lequel les parties entendent par un seul payement acquitter la taxe, ou l'indication qu'elles désirent effectuer ce payement chaque année tant que l'affiche subsistera.

Une déclaration particulière doit être souscrite pour chaque affiche distincte et pour la circonscription de chaque bureau d'enregistrement.

Un double de la déclaration reste au bureau de l'enregistrement, l'autre revêtu de la quittance du receveur, est remis au déclarant. (*Décret du 22 août 1912, art. 2.*)

179.

La taxe est due pour une année entière sans fraction et l'année court pour chaque affiche du jour de la première déclaration.

Si la déclaration ne fixe aucune durée, la taxe annuelle devient exigible dans les vingt jours qui suivent l'expiration de chaque année, et la perception en est continuée, d'année en année, dans les mêmes conditions, jusqu'à ce qu'il ait été déclaré au bureau de l'enregistrement que l'affichage a été supprimé.

Lorsque les parties ont souscrit leur déclaration pour un nombre d'années déterminé et que le terme qu'elles ont fixé est arrivé, elles payent la taxe dans les conditions déterminées au paragraphe précédent, à moins qu'elles ne fassent au bureau de l'enregistrement une déclaration indiquant, ou la suppression de l'affichage, ou la période nouvelle pour laquelle elles veulent acquitter la taxe. (*Décret du 22 août 1912, art. 3.*)

180.

En cas de cession de fonds de commerce, de changement d'adresse, de modifications apportées au nom ou à la raison sociale, une déclaration appuyée des pièces justificatives nécessaires, doit être faite au bureau de l'enregistrement avant que les indications relatives au nom, à la raison sociale ou à l'adresse soient modifiées sur l'affiche. Cette déclaration est faite pour ordre et ne donne pas lieu au payement d'un nouveau droit. (*Décret du 22 août 1912, art. 4.*)

181.

Toute affiche doit porter, dans la partie inférieure à gauche, l'indication, en caractères suffisamment apparents, de la date et du numéro de la quittance de la taxe.

Les personnes chargées d'établir l'affiche sont tenues pendant l'exécution des travaux, de représenter l'exemplaire de la déclaration remis à la partie ou un duplicata régulier de cette déclaration à tous les agents chargés de constater les contraventions. Elles doivent interrompre les travaux si l'exemplaire ou le duplicata de la déclaration ne peut être représenté. (*Décret du 22 août 1912, art. 5.*)

182.

Il est dû, pour toute affiche non timbrée, un droit en sus soumis à deux décimes et demi et égal en principal au montant de la taxe annuelle exigible, sans que cette pénalité puisse être inférieure à six cent vingt-cinq francs, décimes compris (625 fr.).

Toute contravention aux dispositions des n° 177 à 181 est punie d'une amende de six cent vingt-cinq francs, décimes compris (625 fr.).

Les droits et amendes sont dus solidairement par les auteurs des affiches et par les propriétaires des immeubles dans lesquels elles se trouvent placées ; le recouvrement des droits et amendes a lieu comme en matière d'enregistrement. (*Loi du 12 juillet 1912, art. 5 et 9 ; et, pour les décimes des amendes, loi du 25 juin 1920, art. 110.*)

183.

Les contraventions aux dispositions qui précèdent sont constatées par des procès-verbaux rapportés, soit par les préposés de l'Administration de l'Enregistrement, des Domaines et du Timbre, soit par les commissaires de police, gendarmes, gardes-champêtres et tous autres agents de la force publique. (*Décret du 22 août 1912, art. 7.*)

184.

Il est accordé, à titre d'indemnité, aux gendarmes, gardes-champêtres et aux agents de la force publique qui ont constaté les contraventions, un quart des amendes payées par les contrevenants. (*Décret du 22 août 1912, art. 8.*)

185.

Les agents ayant qualité pour verbaliser en matière d'affiches ont le droit de pénétrer sur le terrain où l'affiche est apposée, afin de s'assurer si cette affiche est régulièrement timbrée. (*Loi du 12 juillet 1912, art. 6.*)

TITRE VII.

Timbre des contrats de transport.

SECTION I.

TRANSPORTS PAR ROUTE. — LETTRES DE VOITURE.

186.

Les dispositions des nᵒˢ 58 à 64 sont applicables aux lettres de voiture.

SECTION II.

TRANSPORTS PAR CHEMIN DE FER.

187.

Sont soumis à un droit de timbre de 10 centimes les bulletins de bagages délivrés aux voyageurs par les administrations des voies ferrées d'intérêt général ou local. (*Loi du 29 juin 1918, art. 35.*).

Est fixé à 25 centimes, sans décimes, y compris le droit de la décharge donnée par le destinataire, et pour chacun des transports effectués en grande ou en petite vitesse, le droit de timbre des récépissés, bulletins d'expédition ou autres pièces en tenant lieu, que les administrations des voies ferrées d'intérêt général ou local sont tenues de délivrer aux expéditeurs, lorsque ces derniers ne demandent pas de lettres de voiture.

Le récépissé énonce la nature, le poids et la désignation des colis, les noms et l'adresse du destinataire, le prix total du transport et le délai dans lequel ce transport doit être effectué.

Un double du récépissé accompagne l'expédition et est remis au destinataire.

Toute expédition non accompagnée d'une lettre de voiture doit être constatée sur un registre à souche, timbré sur la souche et sur le talon, à peine d'une amende de 75 francs, décimes compris.

Les préposés de l'Enregistrement sont autorisés à prendre communication de ce registre, ainsi que de ceux mentionnés par l'article 50 de l'ordonnance du 15 novembre 1846 et des pièces relatives aux transports qui y sont énoncés.

La communication a lieu selon le mode prescrit par l'article 54 de la loi du 22 frimaire an VII et sous les peines y portées. (*Lois des 13 mai 1863, art. 10, et 29 juin 1918, art. 34; et, pour les décimes de l'amende, lois des 6 prairial an VII, art. 1er, 23 août 1871, art. 1er, 30 décembre 1873, art. 2, et 25 juin 1920, art. 110.*)

188.

Une même expédition ne peut comprendre que le chargement d'un seul wagon, à moins qu'il ne s'agisse d'envois indivisibles ou qu'il n'existe pour certains trafics des prescriptions particulières. (*Loi du 29 juin 1918, art. 34.*)

189.

Les récépissés délivrés par les chemins de fer en exécution des dispositions du n° 187 pour chacun des transports effectués autrement qu'en grande vitesse peuvent servir de lettres de voiture pour les transports qui, indépendamment des voies ferrées, empruntent les routes, canaux et rivières. Les modifications qui pourraient survenir en cours d'expédition, tant dans la destination que dans le prix et les conditions du transport, peuvent être écrites sur ces récépissés. (*Loi du 30 mars 1872, art. 1er.*)

190.

Le droit de timbre des récépissés, bulletins d'expédition ou autres pièces en tenant lieu, délivrés par les compagnies de tramways pour les transports sur leurs réseaux en grande ou en petite vitesse, est réduit, y compris le droit de la décharge donnée par le destinataire, à 10 centimes par chaque expédition.

Cette disposition n'est applicable qu'aux tramways concédés au moment de la promulgation de la loi du 31 juillet 1913.

Sont applicables à ces récépissés les dispositions de l'article 189. (*Lois des 28 avril 1893, art. 38, 31 juillet 1913, art. 41, et 29 juin 1918, art. 34.*)

191.

Les lettres de voitures internationales créées en vertu de la convention approuvée par la loi du 29 décembre 1891 et signée à Berne, le 14 octobre 1890, entre la France, l'Allemagne, l'Autriche-Hongrie, la Belgique, l'Italie, les Pays-Bas, le Luxembourg, la Russie et la Suisse, relativement au transport des marchandises par chemins de fer, sont assimilées, au point de vue du timbre, aux récépissés de chemins de fer et aux pièces en tenant lieu, pour les expéditions venant des pays étrangers. (*Loi du 27 décembre 1892, art. 1ᵉʳ.*)

192.

Pour les expéditions de France à destination de l'étranger, les lettres de voitures internationales sont établies sur des formules timbrées que les compagnies de chemins de fer tiennent à la disposition des expéditeurs moyennant le remboursement des droits.

Il est ajouté au modèle annexé à la convention de Berne un talon destiné à être conservé par le chemin de fer expéditeur, pour être représenté aux préposés de l'Enregistrement dans les conditions prévues au n° 187.

Ce talon énonce les noms de la gare expéditrice et de la gare destinataire, les noms de l'expéditeur et du destinataire, la date de la remise et le numéro de l'expédition.

Chaque contravention aux dispositions du présent texte est punie d'une amende de 75 francs, décimes compris. (*Loi du 27 décembre 1892, art. 2; et, pour les décimes de l'amende, lois des 6 prairial an VII, art. 1ᵉʳ, 23 août 1871, art. 1ᵉʳ, 30 décembre 1873, art. 2, et 25 juin 1920, art. 110.*)

193.

Les compagnies de chemins de fer qui en font la demande et qui prennent l'engagement de se soumettre aux dispositions qui suivent (n°ˢ 194 à

201), peuvent être autorisées, jusqu'à décision contraire qui leur serait notifiée six mois à l'avance, à percevoir, sous leur responsabilité et à leurs risques et périls, les droits de timbre des récépissés de grande et petite vitesse.

Ces récépissés sont, dans ce cas, dispensés de l'apposition matérielle du timbre, qui est remplacée par une mention imprimée en caractères très apparents, ainsi conçue : « Droits de timbre perçus en compte avec le Trésor ». (*Arrêté ministériel du 9 juin 1892, art. 1er.*)

194.

Les droits sont payés, en cas de trafic entre deux ou plusieurs compagnies françaises, par la compagnie qui a reçu de l'expéditeur les objets à transporter, en cas de trafic international et de transit en France, par la compagnie qui reçoit à la frontière les objets et marchandises provenant de l'étranger; sauf ce qui est exprimé ci-après au n° 197, 2e alinéa. (*Même arrêté, art. 2.*)

195.

Il est ouvert dans tous les registres et documents de comptabilité des expéd'tions ou arrivages employés par les compagnies, soit dans les gares, soit au siège social, une colonne exclusivement destinée à faire ressortir, tant pour chaque expédition ou arrivage que pour l'ensemble des expéditions et des arrivages pendant chaque période d'un mois, les droits de timbre des récépissés pour les transports en grande et petite vitesse distinctement.

Lorsque l'expédition n'est pas, par sa nature, assujettie à l'impôt, les registres et feuilles d'expédition et d'arrivage énoncent sommairement la cause de la non-perception du droit. (*Même arrêté, art. 3.*)

196.

Un payement provisionnel des droits représentant le timbre des récépissés à délivrer est effectué, par anticipation, le 1er de chaque mois; il comprend le produit de l'impôt pour le mois à courir et il est calculé à raison de 85 p. 100 de la recette totale et définitive du mois correspondant de l'année précédente, mais sous déduction des excédents de versements qui auraient été reconnus sur les mois antérieurs.

A titre transitoire, la provision mensuelle de 85 p. 100 est calculée, pour la première année d'application de ce régime, sur le douzième des produits totaux de l'année expirée, de date à date. (*Même arrêté, art. 4.*)

197.

A l'appui du règlement définitif, il est fourni par la compagnie un état indiquant, par chaque gare expéditrice, et distinctement pour les transports effectués soit en grande, soit en petite vitesse, le nombre des récépissés ainsi que le montant des droits perçus.

Les droits afférents aux transports ou trafic international direct sous régime de douane sont, par exception, portés au compte de la gare destinataire.

L'état est signé par le directeur de la compagnie ou son délégué. Il est totalisé et certifié conforme aux résultats de la comptabilité mensuelle.

Le règlement définitif des droits de timbre, c'est-à-dire des 15 francs pour 100 francs laissés en dehors du payement provisoire, a lieu au plus tard dans les soixante-quinze jours qui suivent l'expiration du mois auquel est appliqué le versement provisionnel. (*Même arrêté, art. 5.*).

198.

Si, par suite des vérifications faites ultérieurement par les compagnies, des erreurs ou omissions sont constatées, les droits se rapportant à ces erreurs ou omissions font l'objet d'un état spécial et détaillé indiquant les différences en plus ou en moins. Cet état est fourni avec celui du mois pendant lequel ces erreurs ou omissions ont été reconnues. (*Même arrêté, art. 6.*)

199.

L'Administration peut faire vérifier tant au siège social que dans les gares ou stations du réseau, si elle le juge convenable, l'exactitude des résultats présentés par les états indiqués aux articles précédents.

A cet effet, tous les documents de comptabilité ou autres, notamment les feuilles d'expédition nécessaires pour la vérification sont conservés par les compagnies pendant deux ans au moins à partir du jour du versement des droits pour être communiqués aux agents de l'enregistrement.

Si de cette vérification il résulte un complément de droits au profit du Trésor, il est acquitté immédiatement. Dans le cas où la vérification fait ressortir un excédent dans les versements effectués par les compagnies, cet excédent est imputé sur le montant du plus prochain versement. (*Même arrêté, art. 7.*)

200.

A défaut de versement des sommes dues par les compagnies dans les délais ci-dessus prescrits, en général, dans le cas de violation des engagements par elles contractés, les droits de timbre sur leurs récépissés deviennent exigibles et sont recouvrés conformément à la législation générale sur le timbre. (*Même arrêté, art. 8.*)

201.

Les dispositions qui précèdent ne s'appliquent ni aux récépissés spéciaux que doivent créer les entrepreneurs de messageries et autres intermédiaires de transport en vertu des dispositions du n° 215, ni aux bulletins d'expédition de colis postaux lesquels sont régis par les dispositions indiquées au n° 210. (*Même arrêté, art. 9.*)

202.

Il est établi des timbres mobiles, conformes au modèle fixé par décret, qui ne peuvent être apposés que sur des récépissés accompagnant les envois venant des pays étrangers ou sur les pièces tenant lieu de récépissé.

Ces timbres sont annulés, après leur apposition, au moyen d'une griffe, soit par les receveurs de l'enregistrement, soit par les préposés des douanes désignés à cet effet par le Ministre des Finances. (*Décret du 2 janvier 1864, art. 1er.*)

203.

Les receveurs des bureaux des douanes frontières de terre, placés dans les gares des chemins de fer, sont autorisés à apposer les timbres mobiles visés au numéro qui précède, sur les récépissés accompagnant les envois venant des pays étrangers, ou sur les pièces tenant lieu de ces récépissés.

Les griffes dont ces receveurs font usage pour annuler les timbres mobiles sont conformes au modèle fixé par arrêté ministériel. Elles sont appliquées à l'encre grasse et de manière qu'une partie de leur empreinte soit imprimée sur la feuille de papier de chaque côté du timbre mobile.

Les infractions aux dispositions du numéro qui précède et du présent numéro peuvent donner lieu, indépendamment des amendes et de la responsabilité édictées en cas de contravention, à l'application des peines disciplinaires autorisées par les lois et règlements. (*Arrêté ministériel du 7 mai 1864, art. 1, 2 et 3.*)

SECTION III.

TRANSPORT DES COLIS POSTAUX.

204.

Le droit de timbre des récépissés, bulletins d'expédition ou autres pièces en tenant lieu, délivrés par les compagnies de chemins de fer, conformément au n° 187 pour les transports prévus par les conventions visées dans les lois des 3 mars 1881, 12 avril 1892 et 17 juillet 1897, relatives à l'organisation du service des colis postaux en France et dans les relations internationales, est réduit, y compris le droit de la décharge donnée par le destinataire, à 10 centimes pour chaque expédition. (*Loi du 3 mars 1881, art. 5.*)

Sont applicables à ces récépissés les dispositions du n° 189. (*Loi citée à ce numéro.*)

205.

Le droit de timbre de 10 centimes, auquel les bulletins d'expédition de colis postaux sont assujettis en vertu de la disposition qui précède, est porté à 20 centimes pour les colis postaux de plus de 5 kilogrammes. (*Loi du 29 juin 1918, art. 33.*)

206.

Le destinataire de tout colis provenant de l'étranger a à payer le droit de timbre. (*Décret du 21 avril 1881, art. 4.*)

207.

Le destinataire de tout colis postal provenant des colonies françaises a à payer le droit de timbre lorsque ce droit n'a pas été payé par l'expéditeur. (*Décret du 24 juillet 1881, art. 4.*)

208.

Les récépissés, bulletins d'expédition et décharges relatifs au transport des colis postaux expédiés et distribués dans l'intérieur de la même ville, sont exempts de timbre. (*Loi du 24 juillet 1881, art. 6.*)

209.

Le droit de timbre cesse d'être perçu sur les bulletins d'expédition de colis postaux transitant par la France ou l'Algérie.

Un seul droit est applicable à l'expédition d'un colis postal transporté successivement par voie terrestre et maritime. (*Loi du 24 juillet 1881, art. 1er.*)

210.

Les formules qui servent à l'affranchissement ou à l'expédition des colis postaux provenant de l'intérieur doivent être timbrées à l'extra-ordinaire. Le timbre est apposé sur la partie de la formule qui doit rester aux mains des compagnies.

Les formules ne peuvent être livrées au public qu'après cette apposition. Chaque bulletin d'expédition doit porter une mention imprimée, indiquant qu'il s'applique à un colis postal.

Tous les bulletins d'expédition sont, après le transport effectué, réunis, soit au siège social, soit au lieu où les écritures seront centralisées.

Ils y sont conservés pendant la durée d'une année à partir de la date de l'expédition.

Il est tenu au départ un carnet d'expédition indiquant le n° d'ordre de l'étiquette, la destination et le nom de l'expéditeur ; à l'arrivée, un carnet de réception indiquant le numéro d'ordre, la provenance et le nom du destinataire.

Le droit de timbre des colis postaux venant de l'extérieur est perçu par l'apposition de timbres mobiles. Il est acquitté aux gares frontières ou aux bureaux assimilés, en même temps que les droits des douanes, par la compagnie chargée des formalités en douane.

Les timbres sont apposés sur la déclaration collective que cette compagnie est tenue de faire à chaque arrivée, aux agents des douanes.

Ces agents vérifient l'exactitude des déclarations, en prennent note sur un carnet spécial et oblitèrent immédiatement les timbres au moyen d'une griffe.

Les compagnies dressent dans chaque gare frontière ou bureau assimilé, au commencement de chaque mois, un relevé des déclarations collectives faites pendant le mois précédent. Ce relevé, visé par les agents des douanes et certifié par eux conforme aux mentions du carnet prévu par le paragraphe qui précède, est transmis à l'administration du timbre par les compagnies.

Sont applicables aux déclarations collectives les dispositions des alinéas 3 et 4 du présent texte.

Tous les bulletins d'expédition de colis postaux transportés de l'intérieur à l'extérieur, sont représentés dans les gares frontières ou bureaux assimilés, aux agents des douanes afin qu'ils s'assurent que ces bulletins sont timbrés. (*Décret du 19 avril 1881, art. 1 à 5.*)

211.

Toute contravention aux dispositions qui précèdent est punie d'une amende de 75 francs, décimes compris. (*Loi du 3 mars 1881, art. 5; et, pour les décimes des amendes, lois des 6 prairial an VII, art. 1er, 23 août 1871, art. 1er, 30 décembre 1873, art. 2, et 25 juin 1920, art. 110.*)

SECTION IV.

TRANSPORT DES COLIS AGRICOLES.

212.

Est réduit aux tarifs prévus au n° 205 le droit de timbre applicable aux récépissés des colis agricoles dont le poids n'excède pas 40 kilogrammes, expédiés d'une gare quelconque des réseaux de l'Est, de l'État, du Midi, du Nord, d'Orléans, de Paris-Lyon-Méditerranée et des Ceintures de Paris dans les conditions prévues par le tarif spécial commun homologué le 11 octobre 1911 par le Ministre des Travaux Publics.

Les denrées dont le transport est admis à bénéficier du droit de timbre réduit sont celles qui sont désignées dans le tarif spécial susvisé.

Le droit de timbre applicable aux récépissés de colis agricoles, visés aux alinéas précédents, peut être perçu, pour le compte du Trésor, par les administrations exploitantes des réseaux désignés dans l'alinéa 1er, conformément aux dispositions des n°⁸ 193 à 201. A cet effet, il est ouvert dans tous les registres et documents de comptabilité des expéditions ou arrivages employés par les Compagnies, soit dans les gares, soit au siège social, une colonne exclusivement destinée à faire ressortir, tant pour chaque expédition ou arrivage que pour l'ensemble des expéditions ou arrivages pendant chaque période d'un mois, les droits de timbre des récépissés pour les transports de colis agricoles. (*Décret du 27 octobre 1911, art. 1 à 3.*)

213.

Les récépissés qui ne donnent pas lieu au payement de l'impôt sur états, dans les conditions déterminées au numéro qui précède, doivent être revêtus du timbre à l'extraordinaire. (*Décret du 27 octobre 1911, art. 4.*)

214.

Il est créé un type conforme au modèle fixé par décret, destiné à timbrer à l'extraordinaire les récépissés des colis agricoles prévus au n° 212. (*Décret du 28 décembre 1911, art. 1er.*)

SECTION V.

EXPÉDITIONS EN GROUPAGE.

—

215.

Les entrepreneurs de messageries et autres intermédiaires de transports qui réunissent en une ou plusieurs expéditions des colis ou paquets envoyés à des destinataires différents, sont tenus de remettre aux gares expéditrices un bordereau détaillé et certifié, écrit sur du papier non timbré, et faisant connaître le nom et l'adresse de chacun des destinataires réels.

Il est délivré, outre le récépissé pour l'envoi collectif, un récépissé spécial à chaque destinaire. Ces récépissés spéciaux ne donnent pas lieu à la perception du droit d'enregistrement au profit des compagnies de chemin de fer ; mais ils sont établis par les entrepreneurs de transports eux-mêmes, sur des formules timbrées que les compagnies de chemins de fer tiennent à leur disposition, moyennant remboursement des droits et frais. Les numéros de ces récépissés sont mentionnés sur le registre de factage ou de camionnage que lesdits entrepreneurs ou intermédiaires sont tenus de faire signer pour décharge par les destinataires.

Ces livres ou registres sont représentés à toute réquisition aux agents de l'Enregistrement.

Chaque contravention aux dispositions qui précèdent est punie d'une amende de 75 francs, décimes compris, et de 150 francs, décimes compris, en cas de récidive dans le délai d'un an.

Ces contraventions sont constatées par tous les agents ayant qualité pour verbaliser en matière de timbre et par les commissaires de surveillance administrative. (*Loi du 30 mars 1872, art. 2 ; et, pour les décimes des amendes, lois des 6 prairial an VII, art. 1er, 23 août 1871, art. 1er, 30 décembre 1873, art. 2, et 25 juin 1920, art. 110.*)

216.

Les groupements agricoles constitués conformément aux dispositions des lois existantes, qui réunissent en une ou plusieurs expéditions les colis ou paquets envoyés à des destinataires différents, sont affranchis des dispositions énoncées au numéro qui précède, en ce qui concerne la remise aux gares expéditrices du bordereau détaillé faisant connaître le nom et l'adresse de chacun des destinataires réels. Ils sont, en outre, exempts du remboursement des droits et frais prévus par le paragraphe 2 du même texte. (*Loi du 15 juillet 1914, art. 32.*)

SECTION VI.

ENVOIS CONTRE REMBOURSEMENT ET TRANSPORTS DE MONNAIES.

217.

Les recouvrements effectués par les entrepreneurs de transport, à titre de remboursement, des objets transportés, quel que soit d'ailleurs le mode employé pour la remise des fonds au créancier, ainsi que tous autres transports fictifs ou réels de monnaies ou de valeurs, sont assujettis à la délivrance d'un récépissé ou d'une lettre de voiture dûment timbré.

Le droit de timbre du récépissé ou celui de la lettre de voiture, fixé dans ce cas à 35 centimes, y compris le droit de la décharge, est supporté par l'expéditeur de la marchandise. (*Loi du 19 février 1874, art. 10.*)

218.

Le droit de timbre indiqué au numéro précédent est réduit à 0 fr. 10 et 0 fr. 20 par chaque expédition pour les colis postaux. (Voir n° 204 et 205.)

Sont applicables à ces envois les dispositions relatives au timbre des expéditions de colis postaux. (Voir n°˙ 204 à 211.) [*Loi du 24 juillet 1881, art. 5.*]

SECTION VII.

TRANSPORTS MARITIMES. — CONNAISSEMENTS.

—— ··· ——

219.

Tout transport par mer et sur les fleuves, rivières et canaux, dans le rayon de l'inscription maritime, doit être accompagné de connaissements.

Les quatre originaux prescrits par l'art. 282 du Code de Commerce sont présentés simultanément à la formalité du timbre. Celui des originaux qui est destiné à être remis au capitaine est soumis à un droit de timbre de 2 fr. 40, décimes compris ; les autres originaux sont timbrés gratis, mais ils ne sont revêtus que d'une estampille sans indication de prix.

Le droit de 2 fr. 40 est réduit à 1 fr. 20, décimes compris, pour les expéditions par le petit cabotage de port français à port français.

Le droit de timbre des connaissements créés en France peut être acquitté par l'apposition de timbres mobiles.

Sont applicables à ces timbres les dispositions du n° 11. (*Lois des 30 mars 1872, art. 3 et 25 mai 1872, art. 4 ; et, pour les décimes, loi du 23 août 1871, art. 2.*)

220.

Les connaissements venant de l'étranger sont soumis avant tout usage en France, à des droits de timbre équivalents à ceux établis sur les connaissements créés en France.

Il est perçu sur le connaissement en la possession du capitaine un droit minimum de 1 fr. 20, décimes compris, représentant le timbre de connaissem nt ci-dessus désigné et celui du consignataire de la marchandise.

Ce droit est perçu par l'apposition de timbres mobiles. (*Loi du 30 mars 1872, art. 4 ; et, pour les décimes, la loi citée au n° 219.*)

221.

S'il est créé en France plus de quatre connaissements, ces connaissements supplémentaires sont soumis chacun à un droit de 60 centimes, décimes compris.

Ces droits supplémentaires peuvent être perçus au moyen de timbres mobiles. Ils sont apposés sur le connaissement existant entre les mains du capitaine, et en nombre égal à celui des originaux qui auraient été rédigés et dont le nombre doit être mentionné, conformément à l'art. 1325 du Code civil.

Dans le cas où cette mention ne serait pas faite sur l'original représenté par le capitaine, il est perçu un droit triple de celui indiqué au n° 219. (*Loi du 30 mars 1872, art. 5;* et, pour les décimes, *la loi citée au n° 219.*)

222.

Tout connaissement créé en France et non timbré donne lieu à une amende de 75 francs, décimes compris, contre le chargeur. En outre, une amende d'égale somme est exigée, personnellement et sans recours, tant du capitaine que de l'armateur ou de l'expéditeur du navire.

Les contraventions sont constatées par les employés des douanes, par ceux des contributions indirectes et par les autres agents ayant qualité pour verbaliser en matière de timbre.

Il leur est alloué un quart des amendes recouvrées.

Les capitaines des navires français ou étrangers doivent exhiber aux agents des douanes, soit à l'entrée, soit à la sortie, les connaissements dont ils doivent être porteurs, au terme du n° 219 ci-dessus.

Chaque contravention à cette prescription est punie d'une amende de 150 francs à 900 francs, décimes compris. (*Loi du 30 mars 1872, art. 6, et décret du 16 messidor an XIII, art. 1er et 2;* et, pour les décimes des amendes, *lois des 6 prairial an VII, art. 1er, 23 août 1871, art. 1er, 30 décembre 1873, art. 2, et 25 juin 1920, art. 110.*)

223.

Le droit de timbre établi sur les connaissements est réduit à 0 fr. 10 et 0 fr. 20 par chaque expédition pour les transports prévus aux n°s 204 et 205 (colis postaux). (*Lois des 3 mars 1881, art. 5, et 29 juin 1918, art. 33.*)

224.

Il est établi, pour l'exécution du n° 219, avant-dernier alinéa, des timbres mobiles conformes au modèle fixé par décret.

Chaque timbre se compose:

1° D'une empreinte portant l'indication du prix, et qui doit toujours être apposée sur le connaissement destiné au capitaine;

2° D'empreintes, désignées sous le nom d'estampilles de contrôle, et qui sont appliquées sur les autres originaux. (*Décret du 24 juillet 1872, art. 1er.*)

225.

Il est établi, pour l'exécution des n° 220 et 221, des timbres mobiles à 60 centimes et 1 fr. 20, décimes compris, conformes aux modèles fixés par décret.

Chaque timbre se compose de deux empreintes, dont l'une, portant l'indication du prix, est toujours apposée sur le connaissement destiné au capitaine, et dont l'autre, désignée sous le nom d'estampille de contrôle, est appliquée, savoir :

Pour les connaissements créés en France en excédent du nombre prescrit par l'art. 282 du Code de Commerce, sur chaque original supplémentaire;

Pour les connaissements venant de l'étranger, sur l'original destiné au consignataire et sur tous autres originaux qui seraient représentés par le capitaine.

Les timbres mobiles à 60 centimes, destinés aux originaux supplémentaires des connaissements créés en France sont apposés au moment même de la rédaction des connaissements. (*Décret du 30 avril 1872, art. 1 et 2.*)

226.

Les timbres mobiles dont l'emploi est prévu aux n° 219, avant-dernier alinéa, et 221, pour l'acquittement du droit de timbre des connaissements supplémentaires créés en France, et pour le payement du droit de timbre des connaissements créés en France, sont oblitérés, soit immédiatement par le chargeur ou l'expéditeur, soit dans un délai qui ne peut dépasser deux jours, aux bureaux des douanes par les agents de ce service, au moyen de l'apposition d'une griffe à l'encre grasse noire.

Dans le cas où l'oblitération est faite par le chargeur ou par l'expéditeur, la griffe doit indiquer la date de l'oblitération, le nom et la raison sociale du chargeur ou de l'expéditeur. (*Décret du 25 juin 1890, art. 1ᵉʳ.*)

227.

Les timbres mobiles à 1 fr. 20, décimes compris, établis pour les connaissements venant de l'étranger sont apposés par les agents des douanes comme suppléant les receveurs d'enregistrement.

Le timbre avec indication de prix est appliqué sur l'original existant entre les mains du capitaine, et l'estampille de contrôle sur le connaissement destiné au consignataire, s'il est représenté. Ces timbres sont oblitérés immédiatement sur les deux originaux au moyen d'une griffe.

Lorsque le connaissement destiné au consignataire n'est pas représenté en même temps que celui du capitaine, l'estampille de contrôle est remise au capitaine.

Cette estampille est apposée par le consignataire, et elle doit être oblitérée, soit au moyen de l'inscription à l'encre noire de sa signature et de la date de l'oblitération, soit au moyen d'une griffe à date établie dans les conditions prévues à l'article précédent.

Lorsque le capitaine venant de l'étranger représente plus de deux connaissements, le droit de 60 centimes dû pour chaque connaissement supplémentaire est perçu par l'administration des douanes au moyen de l'apposition des timbres mobiles visés au n° 225.

Ces timbres mobiles sont apposés et oblitérés par les agents des douanes, selon le mode prescrit par les deux premiers alinéas du présent texte. (*Décret du 30 avril 1872, art. 3 et 4.*)

228.

Chaque contravention aux nᵒˢ 224 à 227 est punie d'une amende de 75 francs, décimes compris. (*Lois des 30 mars 1872, art. 7 et 25 mai 1872, art. 4; et, pour les décimes des amendes, lois des 6 prairial an VII, art. 1ᵉʳ, 23 août 1871, art. 1ᵉʳ, 30 décembre 1873, art. 2, et 25 juin 1920, art. 110.*)

TITRE VIII.

Timbre des passeports.

229.

L'Administration de l'Enregistrement est chargée de fournir les passeports.

Les Préfets sont autorisés à se faire remettre, sur leur demande, par
les directeurs de l'Enregistrement dans les départements, les formules de
passeports nécessaires au besoin de leur service. (*Décret du 11 juillet
1810, art. 1er, et ordonnance du 30 novembre 1834, art. 1er*).

230.

Le prix des passeports à l'intérieur et à l'étranger est fixé à 5 francs,
sans décimes. Dans cette fixation sont compris les frais de papier et timbre
et tous frais d'expédition. Le montant de la taxe est imprimé sur les passeports.

Chaque visa de passeports auquel il est procédé en France, donne lieu
à la perception d'un droit de 2 fr. 40, décimes compris. (*Loi du 31 décembre 1917, art. 15;* et, pour les décimes, *loi du 23 août 1871, art. 2.*)

231.

Les passeports sont conformes au modèle fixé par décret.

Les passeports conformes au modèle arrêté par le décret du 17 novembre 1909 portant la mention du prix de 60 centimes peuvent être
utilisés, à la condition d'être timbrés au supplément de droit de 4 fr. 40.

Ce complément de droit est acquitté soit par un contre-timbrage à
l'extraordinaire, soit par l'apposition de timbres mobiles de dimension ou
de timbres mobiles pour effets de commerce, dûment oblitérés. (*Décret du
11 mars 1921, art. 1er.*)

232.

Il est créé, pour l'acquittement du droit de visa des passeports établi par l'art. 15 § 2, de la loi du 31 décembre 1917, un timbre mobile de 2 fr. 40 conforme au modèle fixé par décret. (*Décret du 11 mars 1921, art. 2.*)

233.

Ce timbre est apposé sur le passeport à côté de la mention du visa, par les soins et sous la responsabilité de l'autorité administrative chargée de ce visa. Il est collé et immédiatement oblitéré soit par l'apposition de la signature à l'encre noire de cette autorité et de la date de l'oblitération, soit par l'apposition d'une griffe réglementaire appliquée à l'encre grasse. Dans les deux cas, l'oblitération est faite de telle manière que partie de la signature ou de l'empreinte figure sur la feuille de papier, de chaque côté du timbre mobile. (*Décret du 11 mars 1921, art. 3.*)

234.

Quand un passeport ou un visa est accordé gratuitement par l'autorité administrative, après justification de l'indigence des intéressés, la gratuité est expressément mentionnée sur le passeport ou à côté du visa. A défaut de cette mention, le porteur est considéré comme faisant usage d'un passeport non timbré. (*Décret du 11 mars 1921, art. 4.*)

TITRE IX.

Timbre des permis de chasse.

235.

L'Administration de l'Enregistrement est chargée de fournir les permis de chasse.

Les Préfets sont autorisés à se faire remettre, sur leur demande, par les directeurs de l'Enregistrement, dans les départements, les formules de permis de chasse nécessaires au besoin de leur service. (*Décret du 11 juillet 1810, art. 1er, et ordonnance du 30 novembre 1834, art. 1er.*)

236.

La délivrance des permis de chasse donne lieu au payement d'un droit de timbre de 80 francs, sans décimes, au profit de l'État, et d'une somme de 20 francs au profit de la commune dont le maire a donné l'avis énoncé par la loi du 3 mai 1844, s'il s'agit d'un permis général valable pour tout le territoire français.

Pour les permis départementaux, utilisables seulement dans le département où le permis a été délivré et dans les arrondissements limitrophes, le droit de timbre est réduit à 20 francs; la perception communale reste fixée à 20 francs. (*Loi du 25 juin 1920, art. 44.*)

237.

Les permis de chasse, à quelque époque qu'ils soient délivrés, sont valables pour une année à dater du 1er juillet. (*Loi du 25 juin 1920, art. 45.*)

TITRE X

Contrôle des marques de fabrique.

238.

Tout propriétaire d'une marque de fabrique ou de commerce, déposée conformément à la loi du 23 juin 1857, peut être admis, sur sa réquisition écrite, à faire apposer par l'État sur les étiquettes, bandes ou enveloppes en papier, sur lesquelles figure sa marque, un timbre spécial destiné à affirmer l'authenticité de cette marque. (*Loi du 26 novembre 1873, art. 1er.*)

239.

Tout propriétaire d'une marque de fabrique ou de commerce qui veut être admis à user de la faculté indiquée au numéro qui précède, doit préalablement en faire la déclaration à l'un des bureaux désignés au n° 244 ci-après et y déposer en même temps :

1° Une expédition du procès-verbal de dépôt de sa marque, fait en exécution de la loi du 23 juin 1857 et du décret du 26 juillet 1858;

2° Un exemplaire du dessin, de la gravure ou de l'empreinte qui représente sa marque. Cet exemplaire est revêtu d'un certificat du greffier, attestant qu'il est conforme au modèle annexé au procès-verbal du dépôt;

3° L'original de sa signature dûment légalisée. Il y a autant de signatures déposées que de propriétaires ou d'associés ayant la signature sociale et qui veulent user de la faculté de requérir l'apposition du timbre de l'État.

En cas de transmission, à quelque titre que ce soit, de la propriété de la marque, le nouveau propriétaire justifie de son droit par le dépôt des actes ou pièces qui établissent cette transmission. Il dépose, en outre, l'original de sa signature dûment légalisée.

Il est dressé, sur un registre, procès-verbal des déclarations et dépôts indiqués au présent texte. Le procès-verbal est signé par le déclarant à qui en est délivré récépissé ou ampliation. (*Décret du 25 juin 1874, art. 1er.*)

240.

Toutes les fois que le propriétaire d'une marque de fabrique ou de commerce veut faire apposer sur cette marque le timbre, il remet au receveur du bureau dans lequel la déclaration et le dépôt prévus au numéro précédent ont été effectués, une réquisition écrite sur papier non timbré, et conforme aux modèles annexés au décret du 25 juin 1874.

La réquisition, dressée au bureau sur une formule fournie gratuitement par l'administration, est datée et signée. Elle est accompagnée d'un spécimen des étiquettes, bandes, enveloppes ou estampilles à timbrer, lequel reste déposé avec la réquisition.

Ne peuvent être admises que les réquisitions donnant ouverture à la perception de 5 francs de droit au moins. (*Décret du 25 juin 1874, art. 2.*)

241.

Les déclarations, dépôts et réquisitions prévus aux deux numéros précédents peuvent être faits par un mandataire spécial, à la condition de déposer au bureau soit l'original en brevet, soit une expédition authentique de sa procuration, laquelle est certifiée par le fondé de pouvoirs. (*Décret du 25 juin 1874, art. 3.*)

242.

Il est perçu au profit de l'État, par chaque apposition de timbres, un droit qui peut varier de 1 centime à 1 franc. La quotité en est proportionnée à la valeur des objets sur lesquels doivent être apposées les étiquettes. (*Loi du 26 novembre 1873, art. 2 et 3.*)

243.

Les droits de timbre à percevoir en exécution du texte qui précède, pour les étiquettes, bandes ou enveloppes en papier sur lesquelles figurent des marques de fabrique ou de commerce, sont fixés ainsi qu'il suit :

1 centime par chaque marque timbrée se rapportant à des objets d'une valeur de 1 franc et au-dessous;

2 centimes, s'il s'agit d'objets d'une valeur supérieure à 1 franc jusqu'à 2 francs;

3 centimes, s'il s'agit d'objets d'une valeur supérieure à 2 francs jusqu'à 3 francs;

5 centimes, s'il s'agit d'objets d'une valeur supérieure à 3 francs jusqu'à 5 francs;

10 centimes, s'il s'agit d'objets d'une valeur supérieure à 5 francs jusqu'à 10 francs;

20 centimes, s'il s'agit d'objets d'une valeur supérieure à 10 francs jusqu'à 20 francs;

30 centimes, s'il s'agit d'objets d'une valeur supérieure à 20 francs jusqu'à 30 francs;

50 centimes, s'il s'agit d'objets d'une valeur supérieure à 30 francs jusqu'à 50 francs;

1 franc, s'il s'agit d'objets d'une valeur supérieure à 50 francs. (*Décret du 25 juin 1874, art. 4.*)

244.

La déclaration et le dépôt prévu au n° 239, ainsi que la réquisition, ne peuvent être opérés que dans les chefs-lieux de département désignés comme centre d'une circonscription.

Les départements sont répartis entre dix circonscriptions conformément au tableau ci-après :

NUMÉRO de la CIRCONSCRIPTION.	CHEF-LIEU DE LA CIRCONSCRIPTION.	INDICATION DES DÉPARTEMENTS. COMPOSANT chaque circonscription.
1	Lille.............	Nord, Pas-de-Calais.
2	Rouen............	Calvados, Eure, Manche, Orne, Seine-Inférieure.
3	Paris.............	Aisne, Eure-et-Loir, Loiret, Oise, Seine, Seine-et-Marne, Seine-et-Oise, Somme, Yonne.

NUMÉRO de la CIRCONSCRIPTION.	CHEF-LIEU DE LA CIRCONSCRIPTION.	INDICATION DES DÉPARTEMENTS COMPOSANT chaque circonscription.
4	Châlons-sur-Marne...	Ardennes, Aube, Marne, Haute-Marne, Meurthe-et-Moselle, Meuse, Haute-Saône, Vosges.
5	Nantes............	Côtes-du-Nord, Finistère, Ille-et-Vilaine, Loire-Inférieure, Mayenne, Morbihan.
6	Tours............	Cher, Creuse, Indre, Indre-et-Loire, Loir-et-Cher, Maine-et-Loire, Sarthe, Deux-Sèvres, Vendée, Vienne, Haute-Vienne.
7	Lyon.............	Ain, Allier, Ardèche, Côte-d'Or, Doubs, Drôme, Isère, Jura, Loire, Haute-Loire, Nièvre, Puy-de-Dôme, Rhône, Saône-et-Loire, Savoie, Haute-Savoie.
8	Bordeaux.........	Charente, Charente-Inférieure, Corrèze, Dordogne, Gironde, Landes, Lot-et-Garonne, Basses-Pyrénées.
9	Toulouse.........	Ariège, Aude, Aveyron, Cantal, Haute-Garonne, Gers, Lot, Lozère, Hautes-Pyrénées, Pyrénées-Orientales, Tarn, Tarn-et-Garonne.
10	Marseille........	Basses-Alpes, Hautes-Alpes, Alpes-Maritimes, Bouches-du-Rhône, Corse, Gard, Hérault, Var, Vaucluse.

Les marques ne peuvent être timbrées qu'au chef-lieu de la circonscription dans laquelle a eu lieu le dépôt au greffe prescrit par la loi du 23 juin 1857. (*Décret du 25 juin 1874, art. 5.*)

245.

Le timbre est apposé, après payement des droits, sur la marque, si cette apposition peut avoir lieu sans oblitérer cette marque et sans nuire à la netteté du timbre. Dans le cas contraire, le timbre est apposé partie sur la marque et partie sur la bande, étiquette ou enveloppe.

L'Administration de l'Enregistrement, des Domaines et du Timbre est autorisée à refuser de timbrer :

1° Les marques apposées sur les étiquettes, bandes ou enveloppes dont la dimension serait inférieure à trente-cinq millimètres en largeur et en longueur;

2° Les marques qui seraient reproduites en relief ou qui seraient imprimées ou apposées sur des papiers drapés, veloutés, gaufrés, vernissés ou enduits, façonnés à l'emporte-pièce, sur papier-joseph, sur papier végétal et tous autres papiers sur lesquels l'Administration jugerait que l'empreinte du timbre ne peut être apposée;

3° Les papiers noirs, de couleur foncée ou disposés de manière que l'empreinte du timbre ne puisse y être appliquée d'une façon suffisamment distincte. (*Décret du 25 juin 1874, art. 6.*)

246.

Les étiquettes ou bandes doivent être présentées en feuilles et divisées en séries de dix destinées à être frappées du timbre de la même quotité. Toutefois, les étiquettes ou bandes destinées à être frappées du timbre de 1 franc peuvent être reçues au nombre minimum de cinq.

Si la dimension des papiers portant les étiquettes ou bandes présentées au timbre est inférieure à dix centimètres en longueur et en largeur, il est perçu, à titre de frais extraordinaires de manipulation, un droit supplémentaire de 2 francs par mille étiquettes ou bandes, sans que ce supplément puisse être jamais inférieur à 20 centimes.

Les feuilles, étiquettes, bandes ou enveloppes maculées ou avariées pendant l'opération sont oblitérées et remises au propriétaire de la marque ou à son mandataire, et il lui est tenu compte des droits afférents à ces maculatures.

Dans tous les cas, le propriétaire ou son mandataire donne décharge des marques qui lui sont remises après avoir reçu l'apposition du timbre et de celles qui ont été maculées ou avariées pendant l'opération. (*Décret du 25 juin 1874, art. 7.*)

247.

La vente des objets par le propriétaire de la marque de fabrique ou de commerce à un prix supérieur à celui correspondant à la quotité du timbre est punie, par chaque contravention, d'une amende de 150 francs à 7,500 francs, décimes compris.

Les contraventions sont constatées dans tous les lieux ouverts au public par tous les agents qui ont qualité pour verbaliser en matière de timbre et de contributions indirectes, par les agents des postes et par ceux des douanes, lors de l'exportation.

Il leur est accordé un quart de l'amende ou portion d'amende recouvrée.

Les contraventions sont constatées et les instances sont suivies et jugées comme en matière de timbre, lorsqu'il s'agit du timbre apposé sur les étiquettes, bandes ou enveloppes de papier. (*Loi du 26 novembre 1873, art. 4; et pour les décimes des amendes, lois des 6 prairial an VII, art. 1er, 23 août 1871, art. 1er, 30 décembre 1873, art. 2, et 25 juin 1920, art. 110.*)

248.

Ceux qui ont contrefait ou falsifié les timbres visés au n° 238, ceux qui ont fait usage des timbres falsifiés ou contrefaits, sont punis des peines portées en l'article 140 du Code pénal, et sans préjudice des réparations civiles.

Tout autre usage frauduleux de ces timbres et des étiquettes, bandes, enveloppes et estampilles qui en seraient revêtues est puni des peines portées en l'article 142 dudit Code.

Il peut être fait application des dispositions de l'article 463 du Code pénal. (*Loi du 26 novembre 1873, art. 6.*)

249.

Le timbre de l'État apposé sur une marque de fabrique ou de commerce fait partie intégrante de cette marque.

A défaut par l'État de poursuivre en France ou à l'étranger la contrefaçon ou la falsification dudit timbre, la poursuite pourra être exercée par le propriétaire de la marque. (*Loi du 26 novembre 1873, art. 7.*)

250.

Les dispositions qui précèdent sont applicables dans les colonies françaises et l'Algérie. (*Loi du 26 novembre 1873, art. 8.*)

251.

Il est créé des types destinés à timbrer les étiquettes, bandes ou enveloppes en papier sur lesquelles figurent des marques de fabrique ou de commerce.

Ces types, qui sont conformes au modèle fixé par décret, portent l'indication des quotités indiquées au n° 243. (*Décret du 25 juin 1874, art. 1er.*)

TITRE XI.

Timbre de certains actes de nature particulière. — Actes d'avances sur titres. — Cartes d'entrée dans les casinos. — Casiers judiciaires.

SECTION I.

ACTES D'AVANCES SUR TITRES.

252.

Sont dispensés de timbre les actes d'avances sur titres de fonds d'État français ou valeurs émises par le Trésor français. (*Loi du 11 septembre 1919, art. 1er.*)

253.

Les actes sous seings privés d'avances sur toutes autres valeurs sont soumis à un droit de timbre de **25** centimes par 100 francs ou fraction de 100 francs du montant de l'avance.

Ce droit est acquitté, au moment de la rédaction de l'acte, au moyen de l'apposition de timbres mobiles sur l'original conservé par le prêteur. Celui-ci doit mentionner, sur le double remis à l'emprunteur, que le droit de timbre dont le montant est rappelé, a été acquitté sur l'original. (*Loi du 11 septembre 1919, art. 2.*)

254.

Les timbres mobiles sont immédiatement oblitérés par l'apposition à l'encre noire, en travers de ces timbres, de la signature du prêteur et de la date de l'oblitération.

Cette signature peut être remplacée par une griffe apposée à l'encre grasse, faisant connaître le nom ou la raison sociale du prêteur et la date de l'oblitération. (*Loi du 11 septembre 1919, art. 3.*)

255.

En cas de contravention aux dispositions des nᵒˢ 253 et 254, le prêteur et l'emprunteur sont passibles chacun d'une amende de 9 p. 100 décimes compris, du montant de l'avance consentie, sans que cette amende puisse être inférieure à 75 francs, décimes compris. (*Loi du 11 septembre 1919, art. 4; et pour les décimes des amendes, lois des 6 prairial an VII, art. 1ᵉʳ, 23 août 1871, art. 1ᵉʳ, 30 décembre 1873, art. 2, et 25 juin 1920, art. 110.*)

SECTION II.

CARTES D'ENTRÉE DANS LES CERCLES ET CASINOS.

256.

Nul ne peut pénétrer dans les salles où, conformément à la loi du 15 juin 1907, les jeux de hasard sont autorisés, sans être muni d'une carte délivrée par le directeur de l'établissement et dont le prix minimum est fixé par le Préfet du département.

Cette carte est passible d'un droit de timbre spécial, savoir :

Dans les cercles ou casinos dont la recette brute des jeux est égale ou inférieure à 100,000 francs :

Cinquante centimes, si l'entrée est valable pour la journée ou pour une durée ne dépassant pas quinze jours ;

2 francs, si l'entrée est valable pour une durée excédant quinze jours, mais ne dépassant pas un mois ;

5 francs, si l'entrée est valable pour une durée excédant un mois.

Dans les cercles ou casinos dont la recette brute des jeux est supérieure à 100,000 francs et ne dépasse pas 1 million :

1 franc, si l'entrée est valable pour la journée ;

3 francs, si l'entrée est valable pour une durée excédant un jour, mais ne dépassant pas quinze jours ;

5 francs, si l'entrée est valable pour une durée de quinze jours, mais ne dépassant pas un mois ;

10 francs, si l'entrée est valable pour une durée excédant un mois;

Dans les cercles ou casinos dont la recette brute des jeux est supérieure à 1 million :

1 franc, pour une durée d'un jour;

5 francs, pour une durée excédant un jour, mais ne dépassant pas quinze jours;

10 francs, pour une durée excédant quinze jours mais ne dépassant pas un mois;

20 francs, si l'entrée est valable pour une durée excédant un mois.

Pour l'établissement de ce pourcentage, le produit de la recette brute des jeux de la saison ou de l'année précédente sert de base.

Le droit de timbre ainsi établi est acquitté par l'apposition, sur les cartes, de timbres mobiles que l'Administration de l'Enregistrement est autorisée à débiter. (*Loi du 31 juillet 1920, art. 46-B.*)

257.

Il est créé, pour l'acquittement du droit de timbre prévu au numéro qui précède, une série de timbres mobiles à 50 centimes, 1 franc, 2 francs, 3 francs, 5 francs, 10 francs et 20 francs.

Ces timbres sont conformes au modèle fixé par décret. (*Décret du 10 septembre 1920, art. 1er.*)

258.

Les timbres mobiles visés au numéro précédent sont mis à la disposition du directeur responsable du casino, sur demande adressée au receveur de l'enregistrement du siège du casino ou à celui qui est désigné par l'Administration, s'il existe plusieurs bureaux dans la même ville et contre payement du prix lors de la délivrance.

Ils sont collés sur les cartes d'entrée par les soins de l'Administration du casino et oblitérés, au moment de la délivrance desdites cartes, par une griffe apposée à l'encre grasse, faisant connaître le nom du casino et la date de l'oblitération du timbre.

A défaut de timbres mobiles de la valeur voulue, les cartes peuvent être revêtues de plusieurs timbres dont le total représente le montant de l'impôt exigible. (*Décret du 10 septembre 1920, art. 2.*)

259.

Dans les casinos où l'entrée est payante, la carte spéciale prévue au n° 256 ne peut, en principe, se confondre avec le titre donnant droit à l'entrée dans les parties de l'établissement autres que les salles de jeux ; toutefois, il est admis que les timbres soient apposés sur les tickets d'entrée, sur les cartes d'abonnement ou sur les billets de spectacle s'il s'agit simplement de l'accès dans les salles de petits chevaux ou de boule et si l'établissement se conforme exactement aux dispositions suivantes :

1° Il sera toujours délivré des titres d'entrée non revêtus du timbre aux militaires, aux mineurs de moins de 21 ans et aux personnes qui déclareront ne point vouloir pénétrer dans les salles de jeux ;

2° Un contrôle sérieux devra fonctionner à l'entrée des salles de petits chevaux ou de boule en vue d'éviter qu'aucune personne ne puisse y pénétrer sans avoir acquitté le droit de timbre.

Toute infraction aux règles qui précèdent entraînerait pour le casino l'interdiction d'apposer le timbre mobile sur le titre d'entrée dans l'établissement et l'obligation de s'en tenir exactement au système de la carte spéciale. (*Décret du 26 mars 1921, art. 1er.*)

260.

Pour toutes les salles de jeux, y compris celles de baccara et d'écarté, il n'est pas délivré de cartes journalières et le prix est fixé par le préfet, également sur la proposition du directeur responsable, soit pour des durées variables à partir de huit jours, soit seulement pour toute la durée de la saison ; mais le droit de timbre n'est dû que pour la période pendant laquelle le titulaire déclare vouloir s'en servir, cette période devant être supérieure à un jour. (*Décret du 10 septembre 1920, art. 6.*)

261.

Sont considérées comme non timbrées les cartes sur lesquelles le timbre mobile aurait été apposé sans l'accomplissement des conditions prescrites ci-dessus, ou sur lesquelles aurait été apposé un timbre mobile ayant déjà servi.

Toute contravention aux dispositions qui précèdent est punie d'une amende de 3oo francs, décimes compris, dont le titulaire ou le porteur et le directeur responsable de l'établissement sont solidairement tenus.

Les contraventions sont constatées, les instances sont suivies et le produit des amendes est réparti conformément au n° 133. (*Loi du 31 juillet 1920, art. 46-B; et, pour les décimes des amendes, lois des 6 prairial an VII, art. 1er, 23 août 1871, art. 1er, 30 décembre 1873, article 2, et 25 juin 1920, art. 110.*)

SECTION III.

CASIERS JUDICIAIRES.

262.

Le bulletin n° 3 du casier judiciaire délivré à la personne qu'il concerne est soumis à un droit de timbre de cinquante centimes.

Les greffiers sont tenus d'inscrire au répertoire spécial institué par les articles 19 et 20 de la loi du 26 janvier 1892 les bulletins n° 3 par eux délivrés. (*Loi du 31 juillet 1920, art. 25.*)

263.

Le droit de timbre prévu au numéro précédent, est perçu par les greffiers au moment de la délivrance desdits bulletins aux personnes qui les réclament. (*Décret du 12 mars 1921, art. 1er.*)

264.

La perception du droit est constatée par l'apposition très apparente, sur l'angle supérieur gauche du bulletin, d'une mention portant les mots : « Droit de timbre à cinquante centimes payé en compte au Trésor » et faisant connaître le numéro sous lequel ce bulletin a été inscrit au répertoire spécial institué par l'article 19 de la loi du 26 janvier 1892. (*Décret du 12 mars 1921, art. 2.*)

265.

Le greffier établit, à la date du 15 et le dernier jour de chaque mois, un extrait du répertoire spécial institué par l'article 19 de la loi du 26 janvier 1892.

L'extrait fait connaître :

1° Le nombre des bulletins délivrés pendant la période à laquelle il s'applique ;

2° Les numéros sous lesquels ces extraits figurent au répertoire spécial ;

3° Le montant des droits perçus.

Cet extrait est certifié par le greffier. (*Décret du 12 mars 1921, art. 3.*)

266.

L'extrait est déposé, le 1ᵉʳ et le 16 de chaque mois, au bureau de l'enregistrement près le tribunal.

Le dépôt est accompagné du versement des droits perçus d'après les indications de l'extrait. (*Décret du 12 mars 1921, art. 4.*)

267.

Toute contravention aux dispositions qui précèdent est punie d'une amende de soixante quinze francs, décimes compris.

Toutefois, l'omission de l'inscription des bulletins au répertoire spécial institué par les articles 19 et 20 de la loi du 26 janvier 1892 est passible des sanctions édictées par les lois en vigueur. (*Loi du 31 juillet 1920, art. 25 ; et, pour les décimes de l'amende, lois des 6 prairial an VII, art. 1ᵉʳ, 23 août 1871, art. 1ᵉʳ, 30 décembre 1873, art. 2, et 25 juin 1920, art. 110.*)

TITRE XII.

Actes à viser pour timbre en débet.

SECTION I.

PROCÈS-VERBAUX DE CONTRAVENTIONS.

268.

Les actes et procès-verbaux des huissiers, gendarmes, préposés, gardes-champêtres ou forestiers (autres que ceux des particuliers), et, généralement, tous actes et procès-verbaux concernant la police ordinaire et qui ont pour objet la poursuite et la répression des délits et contraventions aux règlements généraux de police et d'impositions, sont visés pour timbre en débet, lorsqu'il n'y a pas de partie civile poursuivante, sauf à suivre le recouvrement contre les condamnés.

Il en est ainsi notamment des procès-verbaux des sous-officiers, brigadiers et gendarmes constatant des contraventions du ressort des tribunaux de simple police.

Sont également visés pour timbre en débet, les déclarations d'appel de tous jugements rendus en matière de police correctionnelle, lorsque l'appelant est emprisonné. (*Ordonnance du 22 mai 1816, art. 5, loi du 25 mars 1817, art. 74, et décret du 20 mai 1903, art. 296.*)

Le visa du receveur de l'enregistrement doit toujours faire mention du montant des droits en suspens, pour en faciliter l'emploi et le recouvrement dans la taxe des frais. (*Ordonnance du 22 mai 1816, art. 5.*)

269.

Les procès-verbaux des vérificateurs des poids et mesures sont visés pour timbre en débet, sauf à suivre le recouvrement des droits contre le condamné. (*Ordonnance du 17 avril 1839, art. 42.*)

270.

Les procès-verbaux dressés en vertu de l'article 23 de la loi du 15 juillet 1845 sur la police des chemins de fer sont visés pour timbre en débet. (*Loi du 15 juillet 1845, art. 24.*)

271.

Les procès-verbaux dressés en vertu de l'article 10 du décret du 27 décembre 1851 sur les lignes télégraphiques, pour crimes, délits ou contraventions prévus par ledit décret sont visés pour timbre en débet. (*Décret du 27 décembre 1851, art. 11.*)

272.

Les procès-verbaux dressés pour contraventions au décret du 28 mars 1852 relatif à la pêche du hareng et à ceux qui interviennent pour son exécution sont visés pour timbre en débet. (*Décret du 28 mars 1852, art. 14.*)

273.

Sont visés pour timbre en débet les procès-verbaux dressés par les officiers d'administration du génie dûment assermentés pour contraventions :

1° Au décret du 10 août 1853 sur le classement des places de guerre et des postes militaires et sur les servitudes imposées à la propriété autour des fortifications ;

2° Au décret du 15 août 1853 sur la délimitation de la zone frontière, l'organisation et les attributions de la Commission mixte des travaux publics.

Les droits de timbre en débet sont payés par le contrevenant après le jugement définitif de condamnation.

Sont assimilés aux officiers d'administration du génie les officiers d'administration d'artillerie chargés de dresser les procès-verbaux de contravention à la loi du 22 juin 1854 qui établit des servitudes autour des magasins à poudre de la guerre et de la marine. (*Décrets des 10 août 1853, art. 46 et 47, et 16 août 1853, art. 31 et 39, et loi du 22 juin 1854, art. 4.*)

274.

Les procès-verbaux dressés par les officiers de police judiciaire, les ingénieurs des mines et les agents sous leurs ordres ayant droit de verbaliser, en vertu des articles 13 et 14 de la loi du 14 juillet 1856 sur la conservation et l'aménagement des sources d'eaux minérales, sont visés pour timbre en débet. (*Loi du 14 juillet 1856, art. 16.*)

275.

Les procès-verbaux dressés en exécution de l'article 21 de la loi du 21 juillet 1856 concernant les contraventions aux règlements sur les appareils et bateaux à vapeur, sont visés pour timbre en débet. (*Loi du 21 juillet 1856, art. 22.*)

276.

Les procès-verbaux dressés en vertu de l'article 11 de la loi du 18 juillet 1860 sur l'émigration, sont visés pour timbre en débet. (*Loi du 18 juillet 1860, art. 11.*)

277.

. Les procès-verbaux dressés en vertu de l'article 25 de la loi du 15 juin 1906 sur les distributions d'énergie sont visés pour timbre en débet. (*Loi du 15 juin 1906, art. 25.*)

278.

Les procès-verbaux rapportés à la requête de l'administration des douanes et les soumissions en tenant lieu, ainsi que les procès-verbaux rapportés à la requête de l'administration des contributions indirectes, sont visés pour timbre en débet, sauf à ces administrations à poursuivre contre les contrevenants le recouvrement des droits de timbre. (*Loi du 26 décembre 1908, art. 8.*)

SECTION II.

ACTES CONCERNANT CERTAINES PROCÉDURES SPÉCIALES.

279.

En matière d'assistance judiciaire, l'assisté est dispensé provisoirement du payement des sommes dues au Trésor pour droits de timbre.

Les actes de la procédure faite à la requête de l'assisté sont visés pour timbre en débet. Le visa pour timbre est donné sur l'original au moment de son enregistrement.

Les actes et titres produits par l'assisté pour justifier de ses droits et qualités sont pareillement visés pour timbre en débet.

Si ces actes ou titres sont en contravention aux lois sur le timbre, les sommes dues de ce chef deviennent exigibles immédiatement après le jugement définitif.

Le visa pour timbre en débet doit mentionner la date de la décision qui admet au bénéfice de l'assistance judiciaire ; il n'a d'effet, quant aux actes et titres produits par l'assisté, que pour le procès dans lequel la production a lieu. (*Lois des 22 janvier 1851, art. 14, et 10 juillet 1901, art. 14.*)

280.

Les actes de procédure, les jugements et actes nécessaires à une exécution dans les procédures devant les conseils de prud'hommes sont rédigés sur papier visé pour timbre en débet. Le visa pour timbre est donné sur l'original au moment de l'enregistrement.

Ces dispositions sont applicables aux causes portées en appel ou devant la Cour de Cassation, ainsi qu'à toutes les causes qui sont de la compétence des conseils de prud'hommes et dont les juges de paix sont saisis dans les lieux où des conseils ne sont pas établis. (*Lois du 7 août 1850, et du 27 mars 1907, art. 40.*)

Ces dispositions sont applicables à toutes les contestations énoncées dans les nos 3 et 4 de l'article 5 de la loi du 25 mai 1838 sur les justices de paix. (*Loi du 22 janvier 1851, art. 27.*)

281.

Les frais des instances visées par la loi du 18 juin 1917 autorisant le Gouvernement à rapporter les décrets de naturalisation obtenus par d'anciens sujets de puissances ayant été en guerre avec la France (guerre 1914-1918) sont avancés et recouvrés par l'administration de l'Enregistrement et les actes auxquels la procédure donne lieu sont visés pour timbre en débet.

Lorsque la déchéance est prononcée, ils sont mis à la charge du naturalisé déchu et le recouvrement en est poursuivi avec privilège et préférence sur ses biens.

Ce privilège s'exerce conformément aux règles prescrites par la loi du 5 septembre 1807.

Lorsque la déchéance n'est pas prononcée, ils restent à la charge de l'État. (*Loi du 18 juin 1917, art. 9.*)

282.

Les communes sont dispensées provisoirement du payement des sommes dues au Trésor pour droits de timbre, à raison des actions en responsabilité civile visées par la loi du 16 avril 1914, modifiant les articles 106, 107, 108 et 109 de la loi municipale du 5 avril 1884, en ce qui concerne les dégâts et dommages résultant des crimes et délits commis à force ouverte ou par violence, sur leur territoire, par des attroupements ou rassemblements armés ou non armés. Les actes de procédure faits à la requête des communes, les jugements dont l'enregistrement leur incombe, les actes et titres produits par elles pour justifier de leurs droits et qualités, sont visés pour timbre en débet. Les droits dont le payement a été différé deviennent exigibles dès que les décisions judiciaires sont définitives à l'égard des communes qui s'en libèrent, le cas échéant, conformément aux dispositions de l'article 106 modifié de la loi susvisée de 1884. (*Loi du 16 avril 1914, art. 1er.*)

283.

Les actes, jugements et arrêts relatifs à la procédure organisée par la loi du 5 août 1899, article 14, modifiée par la loi du 11 juillet 1900 pour la rectification des casiers judiciaires, sont visés pour timbre en débet. (*Loi du 5 août 1899, art. 14.*)

284.

Sont visés pour timbre en débet la requête, le jugement et les autres actes auxquels donne lieu la réclamation visée par la loi du 30 juin 1838, article 29, tendant à la sortie des personnes placées dans les établissements d'aliénés. (*Loi du 30 juin 1838, art. 29.*)

285.

Les frais de procédure en matière criminelle, de police correctionnelle et de simple police sont avancés par l'Administration de l'Enregistrement et les actes auxquels cette procédure donne lieu sont visés pour timbre en débet.

Il en est de même :

1° Des actes et procédures, faits sur la poursuite d'office du ministère public, dans les cas prévus par le Code civil, et notamment par les articles 50, 53, 81, 184, 191 et 192 relativement aux actes de l'état-civil ;

2° Lorsque le ministère public poursuit d'office les rectifications des actes de l'état-civil en conformité de l'avis du Conseil d'État du 12 brumaire an XI, comme aussi en matière de poursuites faites en conformité de la loi du 25 ventôse an XI sur le notariat et, généralement, dans tous les cas où le Ministère public agit dans l'intérêt de la loi et pour assurer son exécution. (*Décret du 18 juin 1811, art. 118, 121 et 122.*)

286.

ACCIDENTS DU TRAVAIL

§ 1er. — Les procès-verbaux, certificats, actes de notoriété, significations, jugements et autres actes faits ou rendus en vertu et pour l'exécution de la loi du 9 avril 1898 sur les accidents du travail, sont visés pour timbre gratis.

Est également dispensée du timbre l'expédition du procès-verbal d'enquête que les parties peuvent se faire délivrer en exécution de l'article 13 de la même loi. (*Loi du 9 avril 1898, art. 13 et 29.*)

§ 2. — Il en est de même du répertoire que doivent tenir les syndicats de garantie et les sociétés d'assurances conformément à l'article 2 du décret du 18 février 1907. (*Décret du 18 février 1907, art. 2.*)

§ 3. — Les exemptions prononcées en matière de timbre et la délivrance gratuite stipulée par la législation belge sur les accidents du travail, sont étendues aux actes, certificats et documents visés par cette législation qui sont passés ou délivrés aux fins d'exécution de la loi française.

Réciproquement, les exemptions prononcées et la délivrance gratuite stipulées par la législation française sont étendues aux actes, certificats et documents visés par cette législation, qui sont passés ou délivrés aux fins d'exécution de la loi belge. (*Décret du 12 juin 1906, art. 3.*)

287.

ACTE ADMINISTRATIF.

§ 1er. — Tous les actes, arrêtés et décisions des autorités administratives non dénommés au n° 39, § 1er, n° 8, sont exempts de timbre sur la minute. Toutefois, aucune expédition ne peut être délivrée aux parties

que sur papier timbré, si ce n'est à des individus indigents et à la charge
d'en faire mention dans l'expédition. (*Loi du 15 mai 1818, art. 80.*)

§ 2. — Il en est de même des registres de toutes les administrations
publiques et des établissements publics pour ordre et administration générale. (*Loi du 13 brumaire an XII, art. 16, 2° § 1er.*)

§ 3. — La première expédition des brevets d'invention sera délivrée
sans frais. (*Loi du 5 juillet 1844, art. 11.*)

Voir infra *Pouvoirs publics.*

288.
ACTE DE L'ÉTAT CIVIL.

Sont visés pour timbre gratis :

§ 1er. — Les actes de procédure et les jugements à la requête du ministère public, ayant pour objet :

1° De réparer les omissions et faire les rectifications sur les registres
de l'état civil d'actes qui intéressent les individus notoirement indigents ;

2° De remplacer les registres de l'état civil perdus ou incendiés par les
événements de guerre, et de suppléer aux registres qui n'auraient pas été
tenus. Ces actes sont visés pour timbre gratis. (*Loi du 25 mars 1817,
art. 75.*)

§ 2. — 1° Tous actes relatifs aux procédures introduites à la requête
du ministère public et ayant pour objet soit de reconstituer les registres
de l'état civil détruits ou perdus par suite d'événements de guerre, soit de
rétablir ou de compléter des actes de l'état civil se rapportant à la période
écoulée depuis le début des hostilités ;

2° Les jugements rendus sur des poursuites d'office ;

Les registres destinés à remplacer ceux qui ont été perdus ou détruits
sont exempts du timbre. (*Loi du 1er juin 1916.*)

§ 3. — Les actes de notoriété qui, aux termes de la loi du 20 juin 1920,
peuvent suppléer tous les actes de l'état-civil dont les originaux ont été
détruits ou sont disparus par suite d'événements de guerre, jusqu'à ce que
la reconstitution ou la restitution des registres ait été effectuée. (*Loi du
20 juin 1920, art. 2.*)

Voir infra *Indigents.*

ACTE RESPECTUEUX.

Voir *Mariage*.

ACTION DE TRAVAIL.

Voir *Société anonyme à participation ouvrière*.

AFFICHES.

Voir *Demandes et offres d'emploi. — Dommages à la propriété privée. — Élections. — Enseignes. — Habitations à bon marché. — Pouvoirs publics. — Retraites ouvrières et paysannes*.

AGRICULTURE.

Voir *Chambres d'agriculture. — Contrats de transport (Colis agricoles). — Office national des produits chimiques agricoles. — Warrants agricoles*.

289.

ARBITRAGE FACULTATIF ENTRE PATRONS ET OUVRIERS.

Tous actes en exécution de la loi du 27 décembre 1892, sur la conciliation et l'arbitrage facultatif en matière de différends collectifs entre patrons et ouvriers ou employés, sont dispensés du timbre. (*Loi du 27 décembre 1892, art. 14.*)

290.

ASSISTANCE AUX FAMILLES NOMBREUSES.

Les certificats, significations, jugements, contrats, quittances et autres actes faits en vertu de la loi du 14 juillet 1913 et ayant exclusivement pour objet le service de l'assistance aux familles nombreuses et nécessiteuses, ainsi que le pourvoi visé par l'article 6 de la même loi, sont dispensés du timbre. (*Loi du 14 juillet 1913, art. 6 et 10.*)

291.

ASSISTANCE AUX FEMMES EN COUCHES.

Le pourvoi devant le Conseil d'État visé par l'article 9 de la loi du 17 juin 1913, sur l'assistance des femmes en couches, modifié par la loi du 15 juillet 1914, est jugé sans frais et dispensé du timbre. (*Loi du 15 juillet 1914.*)

292.

ASSISTANCE MÉDICALE GRATUITE.

Les certificats, significations, jugements, contrats, quittances et autres actes faits en vertu de la loi du 15 juillet 1893 et exclusivement relatifs au service de l'assistance médicale sont dispensés du timbre, sans préjudice du bénéfice des dispositions du numéro 279 sur l'assistance judiciaire. (*Loi du 15 juillet 1893, art. 32.*)

293.

ASSISTANCE OBLIGATOIRE AUX VIEILLARDS, AUX INFIRMES ET AUX INCURABLES.

Les certificats, significations, jugements, contrats, quittances et autres actes faits en vertu de la loi du 14 juillet 1905 et ayant exclusivement pour objet le service de l'assistance obligatoire aux vieillards, aux infirmes et aux incurables privés de ressources, sont dispensés du timbre.

Il en est de même du pourvoi devant le Conseil d'État contre les décisions rendues en cette matière par les conseils de préfecture. (*Loi du 14 juillet 1905, art. 36 et 38.*)

ASSISTANCE PUBLIQUE.

Voir *Enfants assistés. — Assistance aux familles nombreuses. — Assistance aux femmes en couches. — Assistance médicale gratuite.*

ASSURANCES.

Voir *Assurances mutuelles agricoles. — Caisse nationale d'assurances.*

294.

ASSURANCES MUTUELLES AGRICOLES.

Les sociétés ou caisses d'assurances mutuelles agricoles créées par la loi du 4 juillet 1900 sont exemptes de tous droits de timbre. Toutefois, l'immunité ne s'applique pas au droit de timbre des quittances prévu par l'article 113. (*Loi du 4 juillet 1900.*)

ATTESTATION DU CRÉANCIER.

Voir *Mutation par décès.*

AUBERGISTES ET HÔTELIERS.

Voir *Objets abandonnés.*

AVIS DE PARENTS.

Voir *Conseil de famille* et *Indigents.*

295.

AVOUÉ.

Les actes de procédure d'avoué à avoué devant les tribunaux de première instance et les cours d'appel, ainsi que les exploits de signification de ces mêmes actes, sont dispensés de la formalité du timbre. (*Loi du 26 janvier 1892, art. 5.*)

296.

BANQUES POPULAIRES.

Les pièces et copies visées par l'article 4 du décret du 31 janvier 1918 et dans l'article 10 du décret du 3 mars 1920, comme devant être produites à l'appui des demandes d'avances formulées par les banques populaires, sont dispensées du timbre. (*Décrets des 31 janvier 1918, art. 4, et 3 mars 1920, art. 10.*) — Rapp. n° 40-12°.

BAUX À LOYER ET BAUX RURAUX.

Voir *Guerre.*

297.

BIEN DE FAMILLE INSAISISSABLE.

En matière de constitution d'un bien de famille insaisissable, la copie, que le constituant étranger joint à sa déclaration, du décret qui l'a admis, depuis moins de cinq ans, à fixer son domicile en France, est établie sur papier libre. (*Décret du 26 mars 1910, art. 1er.*)

BONS DE MONNAIE.

Voir *Trésor public.*

BREVETS D'INVENTION.

Voir *Acte administratif.*

298.

CAISSE D'ÉPARGNE.

Les registres et livrets à l'usage des caisses d'épargne sont exempts des droits de timbre. (*Loi du 5 juin 1835, art. 9.*)

Il en est de même pour :

a) Les pouvoirs donnés par les porteurs de livrets qui veulent vendre leurs inscriptions dans les cas prévus par la loi du 21 novembre 1848;

b) Les autres pièces à produire pour la vente dans certains cas, telles que certificats de propriété, intitulés d'inventaires, etc. (*Loi du 21 novembre 1848, art. 7.*)

c) Les imprimés, écrits et actes de toute espèce nécessaires pour le service de la Caisse d'épargne. (*Loi du 9 avril 1881, art. 20.*)

Bénéficient de l'immunité, mais sont soumis à la formalité du visa pour timbre gratis, les certificats de propriété et actes de notoriété exigés par les caisses d'épargne pour effectuer le remboursement, le transfert ou le renouvellement des livrets appartenant aux titulaires décédés ou déclarés absents.

Ces dispositions sont applicables à la Caisse nationale d'épargne. (*Loi du 20 juillet 1895, art. 23 et 25.*)

Les quittances de sommes déposées aux caisses d'épargne, ainsi que les quittances de sommes remboursées aux déposants, sont également exemptes du timbre. (*Décret du 23 août 1875, art. 9.*)

Voir *Régions dévastées.*

CAISSE DE SECOURS ET DE RETRAITES DES OUVRIERS MINEURS.

Voir *Ouvriers mineurs.*

CAISSE DES DÉPÔTS ET CONSIGNATIONS.

Voir *Régions dévastées.*

CAISSE DES INVALIDES DE LA MARINE.

Voir *Marine.*

299.

CAISSE DES RETRAITES.

Les certificats, actes de notoriété et autres pièces exclusivement relatives à l'exécution des lois du 18 juin 1850 et du 20 juillet 1886, relatives à la Caisse nationale des retraites pour la vieillesse, sont dispensés des droits de timbre. (*Lois des 18 juin 1850, art. 11, et 20 juillet 1886, art. 24.*)

Il en est ainsi, spécialement :

1° De l'acte de naissance ou de l'acte de notoriété à produire par le déposant en exécution de l'article 2 du décret du 26 décembre 1918 (*art. 2 du dit décret*);

2° Du récépissé de versement visé par l'article 11 du même décret (*art 11 du dit décret*);

3° Des certificats à produire, soit pour l'inscription des rentes viagères de la vieillesse, soit pour le payement des arrérages desdites rentes (*art. 28 du décret du 27 juillet 1861 et 31 du décret du 26 décembre 1918*);

4° Des certificats, actes de notoriété et toutes autres pièces exclusivement relatives à la liquidation et au payement des pensions acquittées par l'État, comme complément des rentes viagères servies au personnel ouvrier des administrations publiques, par la Caisse nationale des retraites pour la vieillesse. (*Loi du 30 janvier 1907, art. 7*);

5° Des formules de mandat spéciales, visées par l'article 10 du décret du 14 octobre 1897 portant règlement pour l'exécution de la loi du 27 décembre 1895, concernant les caisses de retraites. (*Décret du 14 octobre 1897, art. 10*);

6° Des quittances délivrées par la Caisse des retraites pour la vieillesse et les sociétés de secours mutuels, en exécution des lois du 20 juillet 1886 et du 1er avril 1898 pour remboursement des capitaux réservés et payement d'arrérages de rentes viagères et de pensions de retraites. (*Loi du 30 mai 1899, art. 3*);

300.

CAISSE NATIONALE D'ASSURANCES.

Les certificats, actes de notoriété et autres pièces exclusivement relatives à l'exécution de la loi du 11 juillet 1868, portant création de deux caisses d'assurances, l'une en cas de décès et l'autre en cas d'accidents résultant des travaux agricoles et industriels, sont délivrés gratuitement et dispensés des droits de timbre. (*Loi du 11 juillet 1868, art. 19.*)

Il en est de même de l'extrait de l'acte de naissance que doit joindre à l'appui de sa proposition au Directeur général de la Caisse des dépôts et consignations, toute personne qui veut contracter une assurance mixte (*art. 2 du décret du 27 avril 1900 déterminant les conditions dans lesquelles la caisse d'assurance en cas de décès peut organiser des assurances mixtes*).

Conformément au 1er alinéa du présent article, sont délivrés gratuitement et dispensés du timbre les actes de l'état civil, les certificats du juge de paix et toutes autres pièces a fournir à l'appui des demandes de pensions formulées par les sapeurs-pompiers dans les conditions prévues par le décret du 12 juillet 1899. (*Décret du 12 juillet 1899, art. 14.*)

CARTES D'IDENTITÉ.

Voir *Guerre*. — *Indigents*. — *Pensions civiles*. — *Police générale*. — *Postes et télégraphes*. — *Pouvoirs publics*.

301.

CAS FORFUITS.

Sont exceptées du droit et de la formalité du timbre les quittances des indemnités pour incendies, inondations, épizooties et autres cas fortuits. (*Loi du 13 brumaire an VII, art. 16, 1°, § 7.*)

302.

CASIER JUDICIAIRE.

Est dispensée du timbre la demande du bulletin N° 2 du casier judiciaire. (*Loi du 28 avril 1893, art. 37.*)

CERTIFICAT D'ACQUIT DES DROITS.

Voir *Mutation par décès*.

303.

CERTIFICAT DE MALADIE.

Sont exceptés du droit et de la formalité du timbre les certificats de maladie délivrés par les médecins assermentés ou non, quand ces documents concernent des agents accomplissant un service actif de l'État. (*Loi du 29 mars 1897, art. 4.*)

CERTIFICAT DE TRAVAIL.

Voir *Louage d'industrie.*

CERTIFICAT D'INDIGENCE.

Voir *Indigents.*

304.

CHAMBRE DES HUISSIERS.

Tous les actes de la Chambre des huissiers, soit en minute, soit en expédition, à l'exception des certificats et autres pièces à délivrer aux can-
didats ou à des individus quelconques dans leur intérêt personnel, sont
exempts du timbre. (*Décret du 14 juin 1813, art. 89.*)

305.

CHAMBRES D'AGRICULTURE.

Tous les actes judiciaires auxquels donnent lieu les instances prévues
aux articles 12 et 13 de la loi du 25 octobre 1919 sur les Chambres
d'agriculture sont dispensés du timbre.

Il en est ainsi spécialement des réclamations visées à l'art. 12 de ladite
loi, des décisions rendues par le juge de paix en conformité de l'article 13,
des pourvois formés contre ces décisions en vertu de l'article 14 et de la
procédure tendant à faire annuler les opérations électorales et prévues
dans les articles 20 et 21. (*Loi du 25 octobre 1919.*)

CHANGE.

Voir *Opérations de change.*

CHEMINS VICINAUX ET RURAUX.

Voir *Conseil de Préfecture et Conseil d'État. — Expropriation.*

306.

CHÈQUES.

§ 1er. *Chèque postal.* — Le chèque postal n'est pas soumis aux dispo-
tions concernant les chèques ordinaires. (*Loi du 7 janvier 1918, art. 6.*)

§ 2. *Mentions de domiciliation.* — Lors de la présentation d'un chèque
à l'encaissement, l'addition sur le chèque de la domiciliation pour paye-

ment, soit à la Banque de France, soit dans une banque ayant un compte à la Banque de France, ne donne ouverture à aucun droit de timbre.

Cette domiciliation ne peut, au surplus, être faite contre la volonté du porteur, à moins que le chèque ne soit barré et que la domiciliation n'ait lieu à la Banque de France, sur la même place. (*Loi du 26 janvier 1917.*)

Voir *Reçu.*

COFFRES-FORTS.

Voir *Mutation par décès.*

307.

COLIS-POSTAUX.

Sont dispensés du timbre les actes de toute nature relatifs aux marchés passés par l'État et ayant exclusivement pour objet l'exécution des deux conventions conclues pour l'organisation du service des colis-postaux en France et dans les relations internationales et approuvées par la loi du 3 mars 1881, ainsi que l'exécution de la loi du 24 juillet 1881 qui supprime les limites de volume et de dimension imposées aux colis-postaux. (*Lois des 3 mars 1881, art. 8, et 24 juillet 1881, art. 7.*)

COMMERÇANTS.

Voir *Livres de commerce. — Registre de commerce. — Réhabilitation. — Voyageurs de commerce.*

COMMISSION ARBITRALE DES LOYERS.

Voir *Guerre.*

308.

COMPTABLES PUBLICS.

Sont exceptés du droit et de la formalité du timbre :

§ 1er. Tous les comptes rendus par des comptables publics, ainsi que les doubles, autres que celui du comptable, de chaque compte de recette ou gestion particulière et privée ;

§ 2. Les registres des receveurs des contributions publiques et autres préposés publics. (*Loi du 13 brumaire an vii, art. 16, 1er, § 4, et 2e, § 3.*)

309.

CONSEIL DE FAMILLE.

Les procurations prévues par l'article 412 du Code Civil en vue de se faire représenter devant les conseils de famille sont dispensées du timbre. (*Loi du 20 mars 1917.*)

Voir *Indigents*.

CONSEIL DE GUERRE.

Voir *Justice militaire*.

310.

CONSEIL DE PRÉFECTURE ET CONSEIL D'ÉTAT.

Les copies, certifiées conformes par le requérant, qui accompagnent les requêtes présentées, soit par les particuliers, soit par l'Administration, par application de la loi du 22 juillet 1889 sur la procédure à suivre devant les conseils de préfecture et qui sont destinées à être notifiées aux parties en cause, ne sont pas assujetties au timbre.

Le recours au Conseil d'État contre les arrêtés des conseils de préfecture peut avoir lieu sans frais et sans l'intervention d'un avocat au Conseil d'État en matière :

1° De contributions directes ou de taxes assimilées à ces contributions pour le recouvrement ;

2° D'élections ;

3° De contraventions aux lois et règlements sur la grande voirie et autres contraventions dont la répression appartient au conseil de préfecture, ainsi que d'anticipation sur les chemins vicinaux.

Toutefois, l'exemption du droit de timbre n'est applicable aux recours en matière de contributions directes et de taxes assimilées à ces contributions, sauf les prestations en nature pour les chemins vicinaux, que lorque la cote est moindre de 30 francs. (*Loi du 22 juillet 1889, art. 3 et 61.*)

Les copies certifiées conformes par les requérants, qui accompagnent les requêtes visées par l'article 16 du décret du 31 mai 1910 sur l'organisation du Conseil d'État, sont rédigées sur papier libre. (*Décret du 31 mai 1910, art. 10.*)

311.

CONSEIL DE PRUD'HOMMES.

Les pouvoirs pour se faire représenter devant les conseils de prud'hommes sont rédigés sur papier libre. (*Loi du 27 mars 1907, art. 26.*)

Voir *Expédition*.

312.

CONTRIBUTIONS DIRECTES.

Sont exempts du timbre :

1° Les actes et pièces relatifs aux commandements, saisies et ventes ayant pour objet le recouvrement des contributions directes et des taxes assimilées. Il en est de même des commandements concernant les états et contrats exécutoires. (*Loi du 18 juillet 1911, art. 20, et décret du 25 juillet 1912, art. 1er.*)

Toutefois, l'exemption du timbre n'est pas applicable en matière d'amendes et de condamnations pécuniaires, dont le recouvrement est régi par le numéro 57. (*Décret du 25 juillet 1912, art. 1er.*)

2° Les formules de patentes expédiées par le Directeur des Contributions directes. (*Lois des 25 avril 1844, art. 26, et 4 juin 1858, art. 12.*)

3° Les quittances que les collecteurs des contributions directes peuvent délivrer aux contribuables et celles des autres impôts qui s'expédient sur les actes. (*Loi du 13 brumaire an VII, art. 16, 1°, § 6.*)

Voir *Conseil de Préfecture* et *Conseil d'État*.

COOPÉRATIVES DE RECONSTRUCTION.

Voir *Régions dévastées*.

CRÉANCES MORATORIÉES.

Voir *Guerre*.

313.

CRÉDIT NATIONAL.

La convention conclue entre le Ministre des Finances et les fondateurs du Crédit national pour faciliter les réparations des dommages causés par la guerre, et approuvée par la loi du 10 octobre 1919, les statuts et tous les actes relatifs à la constitution du Crédit national, sont dispensés des droits de timbre.

Sont dispensés de tous droits de timbre tous les actes passés entre la société « Le Crédit national » et les ayants droit pour constater l'attribution, le versement ou le remboursement des indemnités ou avances prévues par la loi du 17 avril 1919, ainsi que tous actes passés entre la même société et l'État pour l'exécution de la convention susvisée. (*Loi du 10 octobre 1919, art. 9.*)

314.

CULTURE DU LIN ET DU CHANVRE.

Les certificats délivrés par les maires, dans les conditions prévues par l'art. 2 du décret du 8 juillet 1898 portant règlement pour l'application de la loi du 9 avril 1898 accordant des encouragements pour la culture du lin et du chanvre, sont établis sur papier libre. (*Décret du 8 juillet 1898, art. 2.*)

315.

DEMANDES ET OFFRES D'EMPLOI.

Sont exemptées du droit de timbre les affiches manuscrites concernant exclusivement les demandes et les offres d'emploi. (*Loi du 26 juillet 1893, art. 18.*)

Il en est de même des affiches, imprimées ou non, concernant exclusivement les offres et demandes de travail et d'emploi apposées par les offices publics départementaux ou locaux et par les bureaux municipaux de placement gratuit. (*Loi du 25 juin 1920, art. 43.*)

316.

DETTE PUBLIQUE.

Sont exceptés du droit et de la formalité du timbre :

1° Les inscriptions sur le Grand-Livre de la dette nationale et les extraits qui en sont délivrés. (*Loi du 13 brumaire an VII, art. 16-1° § 3, et ordonnance du 10 octobre 1834, art. 1er*);

2° Les actes sous seing privé tendant uniquement à la liquidation de la dette publique, et en tant qu'ils servent aux opérations de la liquidation ainsi que les actes des administrations et commissaires liquidateurs relatifs auxdites liquidations. (*Loi du 26 frimaire an viii, art. 1 et 2.*)

317.

DIPLÔMES.

Les diplômes donnés par le Grand-Maître de l'Université aux gradués ne sont point assujettis au timbre (*Décret du 4 juin 1809, art. 26.*)

DOMICILIATION (Mentions de).

Voir *Chèques.*

318.

DOMMAGES À LA PROPRIÉTÉ PRIVÉE.

1° Les plans, procès-verbaux, certificats, significations, payements, contrats, quittances et autres actes faits en vertu de la loi du 29 décembre 1892 sur les dommages causés à la propriété privée par l'exécution des travaux publics sont visés pour timbre gratis. (*Loi du 29 décembre 1892, art. 19.*)

2° Les ordonnances visées par l'article 1er de la loi du 4 avril 1889 sur le Code rural relativement à la vente des animaux non gardés ayant causé des dommages, sont affichées sur papier libre et sans frais à la porte de la mairie. (*Loi du 4 avril 1889, art. 1er.*)

DOMMAGES DE GUERRE.

Voir *Crédit national. — Régions dévastées.*

DONS ET LEGS.

Voir *Notaires.*

ÉCHANGES D'IMMEUBLES.

Voir *Ventes d'immeubles.*

319.

EFFETS DE COMMERCE.

Les lettres de change tirées par seconde, troisième ou quatrième peuvent, quoique étant écrites sur papier non timbré, être enregistrées, dans le cas de protêt, sans qu'il y ait lieu au droit de timbre et à l'amende pourvu que la première, écrite sur papier au timbre proportionnel, soit représentée conjointement au receveur de l'enregistrement. (*Loi du 1er mai 1822, art. 6.*)

Toutefois, si la première, timbrée ou visée pour timbre, n'est pas jointe à celle mise en circulation et destinée à recevoir les endossements, le timbre ou visa pour timbre doit toujours être apposé sur cette dernière, sous les peines indiquées au titre III. (*Loi du 5 juin 1850, art. 10.*)

Voir *Reçu* et *Trésor public*.

320.

ÉLECTIONS.

I. — Tous les actes judiciaires, en matière électorale, ainsi que les extraits des actes de naissance nécessaires pour établir l'âge des électeurs sont dispensés du timbre, à la condition qu'ils portent en tête de leur texte l'énonciation de leur destination spéciale, et ne soient admis pour aucune autre. *Loi du 15 mars 1849, art. 13, et décret du 2 février 1852, art. 24.*)

II. — Les actes judiciaires auxquels donne lieu l'instance organisée par la loi du 8 décembre 1883 devant le juge de paix, en matière d'élection des juges consulaires, ne sont pas soumis au timbre.

Les réclamations contre les élections ont lieu et sont jugées sans frais. (*Loi du 8 décembre 1883, art 5, 6 et 11.*)

III. — Les affiches électorales d'un candidat contenant sa profession de foi, une circulaire signée de lui ou seulement son nom, sont affranchies du timbre. (*Loi du 11 mai 1868, art. 3.*)

Cette disposition est applicable aux élections municipales. (*Loi du 5 avril 1884, art 14.*)

Voir *Chambres d'agriculture. — Conseil de Préfecture* et *Conseil d'État.*

321.

ÉLÈVES EN PHARMACIE.

Les registres visés par l'article 20 de la loi du 26 juillet 1860 et destinés à recevoir l'inscription des élèves stagiaires en pharmacie, ainsi que les extraits de ces registres, sont dispensés de la formalité et du droit de timbre. (*Loi du 26 juillet 1860, art. 20.*)

ENFANTS.

Voir *Enfants assistés*. — *Travail des enfants*. — *Tribunaux pour enfants*. — *Tutelle.*

322.

ENFANTS ASSISTÉS, MALTRAITÉS OU MORALEMENT ABANDONNÉS.

Les certificats, significations, jugements, contrats, quittances et autres actes faits en vertu des lois du 24 juillet 1889, du 19 avril 1898 et du 27 juin 1904, et exclusivement relatifs au service des enfants assistés, des enfants maltraités ou moralement abandonnés, sont dispensés du timbre, sans préjudice du bénéfice de la loi du 10 juillet 1901 sur l'assistance judiciaire.

Il en est de même pour les requêtes visées dans les articles 17, 21 et 23 de la loi susvisée du 24 juillet 1889.

Lorsqu'un pupille de l'assistance, par des actes d'immoralité, de violence ou de cruauté, donne des sujets de mécontentement très graves, le tribunal civil peut, sur le rapport de l'Inspecteur des enfants assistés et sur la demande du préfet, dans les départements ou du directeur de l'assistance publique de Paris, dans le département de la Seine, décider, sans frais, qu'il sera confié à l'administration pénitentiaire. (*Lois des 24 juillet 1889, art. 17, 21 et 23, 27 juin 1904, art. 54, et 28 juin 1904, art. 2.*)

323.

ENSEIGNES.

Sont considérés comme enseignes et exemptés du droit de timbre les affiches et tableaux-annonces apposés à l'intérieur d'un établissement où le produit annoncé est en vente, ou à l'extérieur, sur les murs mêmes de cet établissement ou de ses dépendances, lorsque les affiches ou tableaux-annonces ont exclusivement pour objet d'indiquer le produit vendu. (*Loi du 8 avril 1910, art. 22.*)

ÉPIZOOTIES.

Voir *Cas fortuits.*

ÉTAT CIVIL.

Voir *Acte de l'état civil.*

ÉTRANGER.

Voir *Accidents du travail* et *Indigents.*

324.

EXPÉDITIONS.

Sont dispensées du timbre les expéditions délivrées par le greffier de paix en matière civile et par les secrétaires des conseils de prud'hommes. (*Loi du 26 janvier 1892, art. 12.*)

Voir *Acte administratif.*

325.

EXPROPRIATION POUR CAUSE D'UTILITÉ PUBLIQUE.

Les plans, procès-verbaux, certificats, significations, jugements, contrats, quittances et autres actes faits en vertu de la loi du 3 mai 1841 sur l'expropriation pour cause d'utilité publique, sont visés pour timbre gratis.

Les droits perçus sur les acquisitions amiables faites antérieurement aux arrêtés de préfet sont restitués lorsque, dans le délai de deux ans, à partir de la perception, il est justifié que les immeubles acquis sont compris dans ces arrêtés. (*Loi du 3 mai 1841, art. 58.*)

Cette disposition est applicable : 1° à tous les actes ou contrats relatifs à l'acquisition de terrains, même clos ou bâtis, poursuivie en exécution d'un plan d'alignement régulièrement approuvé pour l'ouverture, le redressement, l'élargissement des rues ou places publiques, des chemins vicinaux et des chemins ruraux reconnus. (*Loi du 13 avril 1900, art 3.*);

et 2° à tous les actes et contrats relatifs aux terrains acquis pour la voie publique à Paris, par simple mesure de voirie. (*Loi du 10 avril 1912.*)

326.

FAILLITE ET LIQUIDATION JUDICIAIRE.

Sont affranchis de la formalité du timbre les actes rédigés en exécution des lois relatives aux faillites et liquidations judiciaires et dont l'énumération suit : les déclarations de cessation de payement, les bilans, les dépôts de bilans, les affiches et certificats d'insertion relatifs à la déclaration de faillite ou aux convocations de créanciers, les actes de dépôt des inventaires, des transactions et autres actes, les procès-verbaux d'assemblées, de dires, d'observations et délibérations de créanciers; les états des créances présumées; les actes de produit, les requêtes adressées au juge-commissaire; les ordonnances et décisions de ce magistrat, les rapports et comptes des syndics, les états de répartition, les procès-verbaux de vérification et d'affirmation de créances, concordats ou atermoiements.

Toutefois, les quittances de répartition données par les créanciers restent soumises au droit de timbre spécial indiqué au n° 115. (*Loi du 26 janvier 1892, art. 10.*)

FAMILLES NOMBREUSES.

Voir *Assistance aux familles nombreuses.*

FEMMES EN COUCHES.

Voir *Assistance aux femmes en couches.*

FONDS DE COMMERCE.

Voir *Nantissement de fonds de commerce.*

327.

FRAIS DE JUSTICE.

Les états ou mémoires en matière de frais de justice criminelle, correctionnelle et de simple police, qui ne s'élèvent pas à plus de dix francs, ne sont point sujets à la formalité du timbre. (*Art. 146 du décret du 18 juin 1811 et 134 du décret du 5 octobre 1920.*)

328.

FRAUDES.

Est dispensé du timbre le procès-verbal de prélèvement prévu par l'article 13 du décret du 29 août 1907, portant règlement d'administration publique pour l'exécution de la loi du 16 avril 1897 concernant la répression de la fraude dans le commerce du beurre et la fabrication de la margarine. (*Art. 13 du dit décret.*)

GRAND LIVRE DE LA DETTE PUBLIQUE.

Voir *Dette publique*.

GRANDE VOIRIE.

Voir *Conseil de Préfecture* et *Conseil d'État*.

GREFFIER.

Voir *Expédition; Répertoire*.

GROUPEMENTS DE RECONSTITUTION.

Voir *Régions dévastées*.

GROUPEMENTS DE SINISTRÉS.

Voir *Régions dévastées*.

329.

GUERRE.

§ 1er. *Baux à loyer et ruraux.* — Les décisions, ainsi que les extraits, copies ou expéditions qui en sont délivrés, et généralement tous les actes de procédure auxquels donne lieu l'application des lois du 17 août 1917 sur la résiliation des baux ruraux pendant la guerre et du 9 mars 1918 sur les modifications apportées aux baux à loyer par l'état de guerre sont visés pour timbre gratis. Ils portent la mention expresse qu'ils sont faits en exécution desdites lois.

Il en est de même des pouvoirs visés dans l'article 16 de la première loi, et l'article 48 de la seconde loi, et du registre tenu par le greffier en exécution de l'article 19 de la première loi et de l'article 52 de la seconde loi.

Toutefois, au cas où les parties produiraient, à l'appui de leurs prétentions, des actes et titres rédigés sur papier non timbré, contrairement aux prescriptions des lois sur le timbre, la commission arbitrale devrait, conformément à l'article 16 de la loi du 23 août 1871, ordonner d'office le dépôt au greffe de ces actes pour être immédiatement soumis à la formalité du timbre. (*Lois des 17 août 1917, art. 16, 19 et 20, et 9 mars 1918, art. 48, 52 et 53.*)

§ 2. *Créances moratoriées.* — Sont exempts du droit de timbre :

1° Les quittances de payements partiels prévues à l'article 3, 5° alinéa, et celles prévues à l'article 8 de la loi du 27 décembre 1920 ayant pour objet le règlement des sommes demeurées impayées par application des décrets relatifs à la prorogation des échéances en ce qui concerne les débiteurs qui sont ou ont été mobilisés, ainsi que les débiteurs domiciliés dans les régions précédemment envahies ou particulièrement atteintes par les hostilités. (*Lois du 27 décembre 1920, art. 3, 6° alinéa, et 8, dernier alinéa.*)

2° Les billets à ordre créés par référence au titre principal, dans les conditions prévues à l'article 3, alinéas 7 et 8, de la loi précitée du 27 décembre 1920.

3° Les actes de la procédure spéciale organisée par les articles 15 à 18 de la loi précitée. (*Art. 15, 6° et 7° alinéas, de la dite loi ; loi du 9 mars 1918, art. 48, 52 et 53.*)

4° Les requête et ordonnance du président du tribunal de commerce tendant à accorder au débiteur des délais supplémentaires, conformément à l'article 4 du décret du 28 décembre 1920 qui a mis fin à la prorogation des échéances en ce qui concerne les débiteurs autres que ceux visés par la loi du 27 décembre 1920. (*Art. 4, dernier alinéa du décret.*)

5° Les quittances de payements partiels dans les cas prévus à l'article 3 du décret précité du 28 décembre 1920.

§ 3. *Gens de guerre.* — Sont exceptés du droit de timbre les engagements, enrôlements, congés, certificats, cartouches, passeports, billets d'étapes, de subsistance et de logement, quittances pour prêt et fournitures et autres pièces ou écritures concernant les gens de guerre, tant pour le service de terre que pour le service de mer, à l'exception des quittances relatives aux traitements et émoluments des officiers. (*Lois des 13 brumaire an VII, art. 16, 1°, § 9, et 23 août 1871, art. 20.*)

Sont de même exemptes de timbre les cartes d'identité délivrées aux gens de guerre et spécialement aux officiers des armées de terre et de mer. (*Décret du 31 décembre 1921, art. 5.*)

§ 4. *Légitimation.* — Sont visés pour timbre gratis les actes nécessités par les instances visées par la loi du 7 avril 1917 déterminant les conditions dans lesquelles peuvent être légitimés les enfants dont les parents se sont trouvés, par la mobilisation du père et le décès de ce dernier, dans l'impossibilité de contracter mariage. (*Loi du 7 avril 1917.*)

§ 5. *Marchés à livrer.* — L'avertissement délivré par les greffiers en exécution de l'article 3 de la loi du 21 janvier 1918 concernant les marchés à livrer et autres contrats commerciaux conclus avant la guerre est rédigé sur papier non timbré. (*Loi du 21 janvier 1918, art. 3.*)

§ 6. *Mariage par procuration.* — La procuration visée dans l'article 1er de la loi du 4 avril 1915 et dans l'article 1er de la loi du 19 août 1915 relatives au mariage par procuration des militaires et marins présents sous les drapeaux, est dispensée des droits de timbre. (*Loi des 4 avril 1915, art. 1er, et 19 août 1915, art. 1er.*)

Il en est de même des actes de procuration autres que ceux visés dans l'alinéa qui précède, des actes de consentement de mariage et des déclarations d'autorisation maritale à consentir ou à passer par des militaires ou marins prisonniers de guerre. (*Loi du 7 avril 1918, art. 2.*)

§ 7. *Mutilés.* — *Actes.* — Sont exemptés des droits de timbre, tant pour les minutes et originaux que pour les expéditions ou copies, les procurations, révocations et décharges de procurations et toutes notifications de chacun de ces actes auxquelles sont obligés de recourir les mutilés de la guerre, civils ou militaires, que la nature de leurs blessures empêche de signer.

Pour bénéficier de cette immunité, il doit être justifié que l'impossibilité de signer est le résultat de la mutilation, et que celle-ci est consécutive aux événements de guerre.

Cette justification est fournie par la déclaration faite à l'officier ministériel instrumentant', et inscrite dans l'acte, et par la production au receveur de l'enregistrement du certificat de réforme ou de pension, et, le cas échéant, du certificat délivré sans frais par l'autorité militaire.

Les procurations collectives ou celles qui sont assujetties à d'autres droits que le droit fixe, et leur révocation, décharge et notification ne jouissent pas de ces immunités. (*Loi du 18 novembre 1916, art. 1, 2 et 4.*)

Sont exemptes du timbre les cartes d'identité délivrées par les préfectures pour permettre aux pensionnés de l'État de toucher leur pension sans production d'un certificat de vie. (*Décret du 31 décembre 1921, art. 5.*)

§ 8. *Propriétaires de valeurs mobilières dépossédés.* — Les divers actes et formalités prévus par la loi du 4 avril 1915 tendant à protéger les propriétaires de valeurs mobilières dépossédés par suite de faits de guerre dans les territoires occupés par l'ennemi, sont exempts de tout droit de timbre.

Les dispositions de l'alinéa précédent ne sont applicables qu'en ce qui concerne les valeurs mobilières dont les propriétaires avaient leur domicile ou leur résidence dans les pays envahis ou pillés par l'ennemi. (*Loi du 4 avril 1915, art. 9 et 10.*)

Sont exempts de tous droits de timbre les divers actes et formalités prévus par la loi du 16 février 1917 ordonnant la publication, au *Bulletin officiel des oppositions*, des numéros des titres au porteur de rentes sur l'État déclarés perdus ou volés à la suite de faits de guerre. (*Loi du 16 février 1917, art. 3.*)

§ 9. *Règlement transactionnel entre commerçants.* — Sont affranchis de la formalité du timbre les actes faits en exécution de la loi du 2 juillet 1919, relative à l'institution d'un règlement transactionnel pour cause générale de guerre entre les commerçants et leurs créanciers, et dont l'énumération suit :

Requêtes initiales et pièces dont elles sont accompagnées, inventaires, bilans, affiches et certificats d'insertion, déclarations des créanciers portant production, contestation ou opposition et leurs récépissés, listes d'obligataires, états des créances admises, actes de dépôt au greffe, procès-verbaux d'admission des créances, propositions de règlement, état des adhésions ou des refus, rapports et comptes des administrateurs et commissaires, requêtes au juge délégué et ordonnances de ce magistrat, règlements transactionnels, déclarations d'appel.

Les quittances données par les créanciers restent soumises au droit de timbre spécial établi par l'article 115. (*Loi du 2 juillet 1919, art. 21.*)

§ 10. *Sépulture des militaires.* — Tous les actes passés en exécution de la loi du 29 décembre 1915 concernant les lieux de sépulture à établir pour les soldats des armées françaises et alliées décédés pendant la durée de la guerre, sont visés pour timbre gratis. (*Loi du 29 décembre 1915, art. 3.*)

§ 11. *Successions de militaires.* — Sont exempts de tous droits de timbre, tous les actes ou pièces qui sont exclusivement destinés à être produits par les héritiers, donataires ou légataires aux comptables de l'État, des départements, des communes et des établissements publics ou d'utilité publique à l'effet d'obtenir la remise ou le payement des objets, sommes et valeurs dépendant des successions :

1° Des militaires des armées françaises et alliées de terre et de mer morts sous les drapeaux pendant la durée de la guerre 1914-1918;

2° Des mêmes militaires qui, soit sous les drapeaux, soit après renvoi dans leurs foyers, sont morts dans l'année à compter de la cessation des hostilités, de blessures reçues ou de maladies contractées pendant la guerre ;

3° Des personnes de nationalité française ou appartenant aux pays alliés qui ont été tuées par l'ennemi au cours des hostilités ou sont décédées des suites de faits de guerre, soit durant les hostilités, soit dans l'année à compter de leur cessation ;

4° Des médecins et autres personnes de nationalité française, ou appartenant aux pays alliés, qui sont décédés durant les hostilités ou dans l'année à compter de leur cessation, des suites de maladies contractées au cours des soins donnés dans les hôpitaux et autres formations sanitaires aux malades et aux blessés des armées françaises et alliées de terre et de mer.

Pour bénéficier de cette double immunité, ces actes et pièces doivent faire mention de l'usage auquel ils sont destinés et indiquer la date du certificat que délivre l'autorité militaire à tous les intéressés, conformément à l'article 6 de la loi du 26 décembre 1914, ainsi que le nom du bureau de l'enregistrement dans lequel ce certificat a été déposé avant rédaction de tout acte ou pièce exonéré. Ce certificat, en ce qui concerne les civils décédés des suites de blessures ou de maladies, doit constater que les blessures ont été reçues ou les maladies contractées du fait de la guerre ou à l'occasion de la guerre.

Toutes les sommes dues à titre de pension, gratification de réforme, traitement, salaire ou secours, tous les fonds ou valeurs, jusqu'à concurrence de 1,500 francs, dus, soit par la Caisse des dépôts et consignations ou par l'une des caisses dont elle a la gestion, soit par les caisses d'épargne, peuvent, lorsqu'ils dépendent d'une des successions visées à l'alinéa premier, être payés ou remis aux conjoints, héritiers en ligne directe ou collatéraux privilégiés, sur la production d'un certificat établi par le maire, le juge de paix ou le notaire indiquant les circonstances du décès et énonçant que les parties y dénommées ont seules droit d'effectuer le retrait en qualité d'héritiers.

Il en est de même des objets et, jusqu'à concurrence de 1,500 francs, des sommes ou valeurs comprises dans les successions liquidées par l'autorité militaire. Toutefois, pour les objets d'une valeur n'excédant pas 150 francs à remettre par l'autorité militaire, le certificat susvisé peut être remplacé par une attestation du maire, du juge de paix ou du notaire contenant les indications exigées par les règlements en ce qui concerne les ayants droits.

Les certificats et attestations visés aux paragraphes précédents sont exempts du timbre.

La justification du décès du militaire peut résulter à défaut de l'acte de décès, d'un certificat ou avis de l'autorité militaire notifiant le décès ou d'un certificat du maire reproduisant la notification faite par l'autorité militaire. (*Loi du 16 avril 1917, art. 1ᵉʳ et 2.*)

§ 12. *Testaments de militaires.* — Les testaments reçus dans les formes prévues par les articles 981 à 984 et 989 du Code civil, ainsi que les testaments olographes faits par des militaires pendant la durée des hostilités, sont exempts du droit de timbre de dimension. (*Loi du 16 avril 1917, art. 3.*)

§ 13. *Vente de navires de la flotte d'État.* — Sont dispensés du droit de timbre les actes de cession, par l'État, de navires provenant de la flotte d'État à une association coopérative de marins qui aura été déclarée adjudicataire. (*Loi du 9 août 1921, art. 4.*)

§ 14. *Victimes civiles de la guerre.* — Sont dispensées du timbre les demandes adressées au Ministre de la Guerre en vue de bénéficier de la loi du 24 juin 1919 sur les réparations à accorder aux victimes civiles de la guerre. (*Loi du 24 juin 1919, art. 5.*)

Voir *Acte de l'état civil.* — *Pécule militaire.* — *Pensions civiles.* — *Pupilles de la Nation.* — *Régions dévastées.* — *Réhabilitation.* — *Réquisitions militaires.*

330.

HABITATIONS À BON MARCHÉ ET PETITE PROPRIÉTÉ.

Les certificats des maires établis par application des articles 10 de la loi du 30 novembre 1894 et 10 de celle du 12 avril 1906 relatives aux habitations à bon marché, ainsi que les actes nécessaires à la constitution et à la dissolution des associations de construction ou de crédit actuellement existantes, ou à créer, telles qu'elles sont définies dans les lois susvisées, sont dispensés du timbre, s'ils remplissent les conditions prévues par l'article 68, § 3, n° 4, de la loi du 22 frimaire an VII.

Il en est de même des pouvoirs en vue de la représentation aux assemblées générales.

Toutefois, les sociétés dont il s'agit restent soumises au droit de timbre-quittance indiqué au n° 115. D'autre part, elles ne sont admises au bénéfice des exonérations qui précèdent qu'autant que leurs statuts, approuvés par le Ministre compétent, sur l'avis du conseil supérieur institué par l'article 14 de la loi du 30 novembre 1894, limitent leurs dividendes annuels à un chiffre maximum. (*Lois des 30 novembre 1894, art. 10, 31 mars 1896, et 12 avril 1906, art. 10 et 11.*)

Ces dispositions s'appliquent aux sociétés de bains-douches, aux sociétés de jardins ouvriers et aux sociétés fonctionnant par l'application de l'article premier de la loi du 10 avril 1908, relative à la petite propriété et aux maisons à bon marché, pourvu que ces dernières justifient de l'application de ladite loi par tous les acquéreurs de jardins ou champs. (*Loi du 23 décembre 1912, art. 7.*)

Sont également dispensées du timbre, les affiches, imprimées ou non, qui sont apposées par les comités de patronage des habitations à bon marché et de la prévoyance sociale et qui ont exclusivement pour objet la vulgarisation des dispositions législatives et réglementaires concernant les habitations à bon marché, la petite propriété, les jardins ouvriers et les bains-douches, toutes les mesures relatives à leur aménagement, ainsi que toutes les dispositions prises en exécution du troisième alinéa de la loi du 12 avril 1906. (*Loi du 23 décembre 1912, art. 9.*)

HUISSIER.

Voir *Chambre des huissiers* et *Répertoire*.

331.

HYPOTHÈQUES.

Sont affranchis du timbre :

1° Les registres de toute nature tenus dans les bureaux d'hypothèques ;

2° Les bordereaux d'inscription ;

3° Les pièces produites par les requérants pour obtenir l'accomplissement des formalités hypothécaires et qui restent déposées au bureau d'hypothèques ;

4° Les reconnaissances de dépôts remises aux requérants en exécution de l'article 2200 du Code civil, et les états, certificats, extraits et copies dressés par les conservateurs. (*Loi du 27 juillet 1900, art. 1er.*)

5° Les actes dressés, en conformité de l'art. 3 du décret du 28 août 1875, pour constater la remise au greffe du double du registre des dépôts, ainsi que le récépissé délivré par le greffier. (*Décret du 28 août 1875, art. 3, dernier alinéa*) ;

6° Les pièces visées par l'art. 2148 du Code civil modifié par l'art. 1er de la loi du 1er mars 1918, relative à la suppression du registre des inscriptions en matière hypothécaire, comme devant être annexées, dans le cas prévu par cet article, aux bordereaux d'inscriptions hypothécaires. (*Loi du 1er mars 1918, art. 1er.*)

Les pièces visées au paragraphe 3 ci-dessus mentionnent expressément qu'elles sont destinées à être déposées au bureau des hypothèques pour obtenir l'accomplissement d'une formalité hypothécaire qui doit être spécifiée. Elles ne peuvent servir à aucune autre fin, sous peine de cent cinquante francs (150 fr.) d'amende, décimes compris, outre le payement des droits, contre ceux qui en ont fait usage. (*Loi du 27 juillet 1900, art. 1er.*)

INCENDIE.

Voir *Cas fortuits.*

332.

INDIGENTS.

§ 1er. Les extraits des registres de l'état civil, les actes de notoriété, de consentement, de publications de délibérations du conseil de famille, les certificats de libération du service militaire, les dispenses pour cause de parenté, d'alliance ou d'âge, les actes de reconnaissance des enfants naturels, les actes de procédure, les jugements et arrêts dont la production est nécessaire dans les cas prévus par l'art. 1er de la loi du 10 décembre 1850, ayant pour objet de faciliter le mariage des indigents, la légitimation de leurs enfants naturels, et le retrait de ces enfants déposés dans les hospices, sont visés pour timbre gratis.

Toutefois, l'obligation du visa pour timbre n'est pas applicable aux publications civiles, ni aux certificats constatant la célébration civile du mariage.

Sont admises au bénéfice des dispositions du premier alinéa, les personnes qui justifient d'un certificat d'indigence à elles délivré par le commissaire de police, ou par le maire dans les communes où il n'existe pas de commissaire de police, sur le vu d'un extrait du rôle des contributions constatant que les parties intéressées payent moins de 10 francs, ou d'un certificat du percepteur de leur commune portant qu'elles ne sont pas imposées.

Le certificat d'indigence est visé et approuvé par le juge de paix du canton. Il est fait mention dans le visa de l'extrait des rôles ou du certificat négatif du percepteur.

Les actes, extraits, copies ou expéditions délivrés, mentionnent expressément qu'ils sont destinés à servir à la célébration d'un mariage entre indigents, à la légitimation ou au retrait de leurs enfants naturels déposés dans les hospices.

Ils ne peuvent servir à d'autres fins sous peine de 37 fr. 50 d'amende, décimes compris, outre le payement des droits, contre ceux qui en ont fait usage, ou qui les ont indûment délivrés ou reçus.

Le recouvrement des droits et des amendes de contravention est poursuivi par voie de contrainte, comme en matière d'enregistrement.

Le certificat prévu ci-dessus est délivré en plusieurs originaux, lorsqu'il doit être produit à divers bureaux d'enregistrement, où les actes, extraits, copies ou expéditions doivent être visés pour timbre. Le receveur en fait mention dans le visa pour timbre et dans la relation de l'enregistrement.

Néanmoins, les réquisitions des procureurs de la République tiennent lieu des originaux ci-dessus prescrits pourvu qu'elles mentionnent le dépôt du certificat d'indigence à leur parquet.

L'extrait du rôle ou le certificat négatif du percepteur est annexé aux pièces déposées pour la célébration du mariage.

Les dispositions qui précèdent sont applicables au mariage entre Français et étrangers. Elles sont exécutoires aux colonies. *(Loi du 10 décembre 1850, art 4, 6, 7, 8 et 9; loi du 20 juin 1896, art. 6.)*

Elles sont applicables aux mariages contractés en France entre Belges, tant que les Français continueront de jouir en Belgique des mêmes avantages. *(Décret du 31 mai 1889.)*

Il en est de même pour les mariages contractés en France par les Italiens tant que les Français jouiront en Italie des avantages concédés par l'art. 147 du décret du 15 novembre 1865. *(Décret du 5 juin 1914, art. 1er.)*

§ 2. Sont affranchis du timbre les avis de parents de mineurs dont l'indigence est constatée conformément au paragraphe précédent du présent texte. Même dispense est concédée aux actes nécessaires pour la convocation et la constitution des conseils de famille et l'homologation des délibérations prises dans ces conseils dans le cas d'indigence des mineurs.

Les personnes dont l'interdiction est demandée et les interdits sont, dans les mêmes cas, assimilés aux mineurs. *(Loi du 26 janvier 1892, art. 12.)*

Cette immunité est applicable aux actes et jugements nécessaires pour l'organisation et la surveillance de la tutelle des enfants naturels. *(Loi du 2 juillet 1917, art. 3.)*

§ 3. Les quittances des secours payés aux indigents sont dispensées du timbre. *(Loi du 13 brumaire an vii, art. 16-1°, 7e alinéa.)*

§ 4. Les certificats d'indigence sont dispensés du timbre. *(Loi du 13 brumaire an vii, art. 16, 1°, § 10.)*

§ 5. Les passeports à délivrer aux personnes véritablement indigentes et reconnues hors d'état d'en acquitter le montant sont délivrés gratuitement. Ils sont exemptés du droit de visa, (*Loi du 31 décembre 1917, art. 15.*) — Voir *Acte administratif.*

§ 6. Les cartes d'identité délivrées aux étrangers indigents par les Préfets, et en général à toutes personnes indigentes, ainsi que celles délivrées aux travailleurs étrangers par les bureaux d'immigration, sont exemptes du timbre. (*Décret du 31 décembre 1921, art. 5.*)

INONDATION.

Voir *Cas fortuits.*

INVASION.

Voir *Régions dévastées.*

JUSTICE DE PAIX.

Voir *Expédition.*

333.

JUSTICE MILITAIRE.

Toutes assignations, citations et notifications aux témoins, inculpés ou accusés visées par l'art. 183 du Code de justice militaire, sont faites sans frais par la gendarmerie ou par tous autres agents de la force publique. (*Loi du 9 juin 1857.*)

LÉGITIMATION.

Voir *Guerre.* — *Indigents.*

LETTRES DE CHANGE.

Voir *Effet de commerce.* — *Reçu.*

LICENCES MUNICIPALES.

Voir *Rôle.*

LIN ET CHANVRE.

Voir *Culture du lin et du chanvre.*

LIQUIDATION JUDICIAIRE.

Voir *Faillite.*

334.

LIVRES DE COMMERCE.

Les livres de commerce sont affranchis du timbre. (*Loi du 20 juillet 1837, art. 4.*)

335.

LOUAGE D'OUVRAGE.

Le contrat de louage d'ouvrage entre les chefs ou directeurs des établissements industriels ou commerciaux, des exploitations agricoles ou forestières et leurs ouvriers est exempt de timbre. (*Lois des 2 juillet 1890, art. 2 et 26 décembre 1908, art. 59.*)

Il en est de même des certificats de travail délivrés aux ouvriers, employés ou serviteurs, encore qu'ils contiennent d'autres mentions que celles prévues au paragraphe 1ᵉʳ de l'art. 24, titre I, du Code du travail, toutes les fois que ces mentions ne contiennent ni obligation, ni quittance, ni aucune autre convention donnant lieu au droit proportionnel.

La formule « libre de tout engagement » et toute autre constatant l'expiration régulière du contrat de travail, les qualités professionnelles et les services rendus, sont comprises dans l'exemption. (*Lois des 2 juillet 1890, art. 3, et 5 juillet 1917.*)

336.

MAIRES ET ADJOINTS.

Est dispensé du timbre le recours exercé par application de l'art. 9 de la loi du 24 mai 1872 et l'art. 86 de la loi municipale du 5 avril 1884, modifié par la loi du 8 juillet 1908, en matière de suspension ou de révocation des maires et adjoints. (*Loi du 8 juillet 1908.*)

MANDATS PÉRIMÉS.

Voir *Postes et télégraphes.*

MARCHANDISES À LIVRER À CONDITION.

Voir *Reçu.*

MARCHÉS À LIVRER.

Voir *Guerre.*

337.

MARIAGE.

Les certificats de contrat de mariage remis aux parties par les notaires en exécution de l'art. 1394, 3ᵉ alinéa, du Code civil, sont dispensés du timbre.

La notification prévue par l'article 151 du Code civil relatif au mariage est également affranchie du timbre.

Il en est de même pour les actes qui constatent le dissentiment dans les cas spécifiés aux articles 148, 150, 152 et 158, ainsi que les actes de procédure et de jugement dans l'instance prévue au 2ᵉ paragraphe de l'art. 152 du même Code. (*Lois des 21 juin 1907, art. 9, et 10 mars 1913, art. 1ᵉʳ*)

Voir *Guerre* (*Mariage par procuration*) et *Indigents*.

338.

MARINE.

Les actes de l'état civil, les certificats de notoriété et autres pièces relatives à l'exécution des lois du 21 avril 1898 et du 29 décembre 1905, ayant pour objet la création d'une caisse de prévoyance entre les marins français contre les risques et accidents de leur profession sont dispensés des droits de timbre. (*Lois des 21 avril 1898, art. 27, et 29 décembre 1905, art. 26.*)

Il en est de même du recours contre la décision du Ministre au sujet de l'annulation ou de la réduction des services prévus pour les pensions sur la Caisse des invalides de la marine. (*Loi du 14 juillet 1908, art. 5.*)

Voir *Tribunaux maritimes commerciaux*.

MÉDECIN.

Voir *Certificat de maladie*.

MÉMOIRES.

Voir *Frais de justice*.

MINES.

Voir *Ouvrier mineur*.

MINISTÈRE PUBLIC.

Voir *Acte de l'état civil.*

339.

MONT-DE-PIÉTÉ.

Les obligations, reconnaissances et tous actes concernant l'administration des monts-de-piété sont exempts des droits de timbre. (*Loi du 24 juin 1851, art. 8.*)

340.

MUTATIONS PAR DÉCÈS.

Sont dispensés du timbre :

§ 1er. Le certificat visé par l'art. 7 de la loi du 18 mai 1850 et délivré par le receveur de l'enregistrement pour constater l'acquittement du droit de mutation par décès, sur les inscriptions de rentes nominatives sur l'État. Il en est de même du certificat délivré en vertu de l'art. 15, 2e et 5e alinéas, de la loi du 25 février 1901. (*Loi du 25 février 1901, art. 15, 1er, 2e et 5e alinéas.*)

§ 2. L'inventaire des dettes et l'attestation du créancier prévus par l'art 4 de la loi du 25 février 1901 pour la déduction des dettes dans les déclarations de successions. Il en est de même de la copie collationnée du titre de la dette, visée dans le même article, tant qu'il n'en est pas fait usage, soit par acte public, soit en justice ou devant toute autre autorité constituée. (*Loi du 25 février 1901, art. 4.*)

§ 3. Les procès-verbaux d'ouverture de coffre-fort dressés en exécution de la loi du 18 avril 1918, art. 1er; mais il ne peut pas en être délivré expédition ou copie et il ne peut pas en être fait usage en justice, par acte public ou devant toute autorité constituée, sans que les droits de timbre aient été acquittés.

Bénéficient de l'immunité le répertoire et le carnet dont la tenue est prescrite par l'art. 4 de ladite loi, à la charge de toute personne ou société qui se livre habituellement à la location des coffres-forts ou des compartiments de coffres-forts. (*Loi du 18 avril 1918, art. 1er et 4.*)

§ 4. La constitution, la réalisation et la restitution du gage prévu par la loi du 14 novembre 1918, sur les facilités de payement concédées aux redevables de droits de succession. (*Loi du 14 novembre 1918, article unique.*)

§ 5. Les actes de notoriété visés par l'art. 34 de la loi du 25 juin 1920, pour l'application des nouveaux tarifs de droits de succession.

MUTILÉS.

Voir *Guerre*.

341.

NANTISSEMENT DE FONDS DE COMMERCE.

Sont affranchis du timbre :

Le registre des inscriptions tenu par le greffier en exécution de l'art. 25 de la loi du 17 mars 1909, relative à la vente et au nantissement des fonds de commerce, les bordereaux d'inscription, les reconnaissances de dépôts, les états, les certificats, extraits et copies dressés en exécution de ladite loi, ainsi que les pièces produites pour obtenir l'accomplissement d'une formalité et qui restent déposées au greffe, et les copies qui en sont délivrées en exécution de l'art. 32, paragraphe 3, à la condition que ces pièces mentionnent expressément leur destination. (*Loi du 17 mars 1909, art. 34.*)

NAVIRES DE LA FLOTTE D'ÉTAT.

Voir *Guerre*.

342.

NOTAIRES.

Les copies que les notaires doivent adresser aux Préfets des dispositions testamentaires contenues dans les testaments dont ils sont dépositaires, au profit de l'État, des départements, des communes, des établissements publics ou reconnus d'utilité publique et des associations religieuses autorisées, sont établies sur papier libre. (*Décret du 1er février 1896, art. 1er.*)

343.

OBJETS ABANDONNÉS.

Tous les actes, spécialement les exploits, ordonnances, jugements et procès-verbaux faits en exécution de la loi du 31 mars 1896, relative à la vente des objets abandonnés ou laissés en gage par les voyageurs aux aubergistes et hôteliers (*Loi du 31 mars 1896, art. 8*), et de la loi du 31 décembre 1903, relative à la vente des objets abandonnés chez les ouvriers et industriels, sont dispensés du timbre. (*Loi du 31 décembre 1903, art. 7.*)

344.

OBJETS DE LUXE.

Le droit de timbre des quittances n'est pas applicable aux écrits constatant le payement des prix de vente d'objets de luxe entre non-commerçants et qui doivent être revêtus des timbres mobiles créés pour l'acquit de la taxe de 10 p. 100 par l'art. 57 de la loi du 25 juin 1920. (*Loi du 25 juin 1920, art. 57.*)

345.

OFFICE CENTRAL DES PRODUITS CHIMIQUES AGRICOLES.

Sont dispensés du droit et de la formalité du timbre tous actes de marchés, d'achats ou de cessions passés par l'État et ayant exclusivement pour objet les opérations prévues par la loi du 20 juin 1918 ayant pour objet de créer au Ministère de l'Agriculture et du Ravitaillement un Office central des produits chimiques agricoles. (*Loi du 20 juin 1918, art. 5.*)

346.

OFFICE NATIONAL DE LA PROPRIÉTÉ INDUSTRIELLE.

Est dispensé du timbre le registre prévu au 13e alinéa de l'art. 3 de la loi du 8 octobre 1919, sur lequel sont transcrites les décisions de la commission technique de l'Office National de la propriété industrielle. (*Loi du 8 octobre 1919, art. 3, 12e alinéa.*)

OFFRES D'EMPLOI.

Voir *Demandes et offres d'emploi.*

347.

OPÉRATIONS DE CHANGE.

Le répertoire des opérations de change institué par la loi du 1er août 1917 est établi sur papier non timbré. (*Loi du 1er août 1917, art. 2.*).

348.

OUVRIERS MINEURS.

Tous les actes relatifs aux procédures visées par les articles 13, 14, 26 et 27 de la loi du 29 juin 1894, sur les caisses de secours et de retraites des ouvriers mineurs, sont dispensés du timbre.

Il en est de même de tous actes, documents et pièces quelconques à fournir pour l'exécution de la loi du 25 février 1914, modifiant la loi précitée de 1894 et créant une caisse autonome de retraites des ouvriers mineurs.

Il en est ainsi, spécialement, des actes visés par l'article 22 du décret du 13 juillet 1914 et que doit fournir à l'exploitant tout ouvrier ou employé qui entre au service d'une exploitation minière.

Bénéficient également de l'immunité les certificats, actes de notoriété et autres pièces exclusivement relatives à l'exécution des articles 84 à 96 de la loi du 31 mars 1903, relative à la majoration des pensions accordées aux ouvriers mineurs en vertu de la loi susvisée de 1894 et à l'attribution d'allocations.

(*Lois des 29 juin 1894, art. 13, 25 février 1914, art. 14, et 31 mars 1903, art. 97, et décret du 13 juillet 1914, art. 22.*)

PATRONS ET OUVRIERS.

Voir *Arbitrage facultatif entre patrons et ouvriers.*

349.

PÊCHE.

Sont dispensés du timbre :

§ 1er. Tous les actes de la procédure visée par la loi du 23 juin 1846, relative à la répression des infractions au règlement général du 23 juin

1843, sur les pêcheries dans les mers situées entre les côtes de France et celles du Royaume-Uni de la Grande-Bretagne et de l'Irlande. (*Loi du 23 juin 1840, art. 3.*)

§ 2. Les citations, actes de procédure et jugements visés par l'article 21 du décret du 9 janvier 1852 sur la pêche côtière. (*Décret du 9 janvier 1852, art. 21.*)

§ 3. Les citations, actes de procédure et jugements visés par la loi du 15 janvier 1884, relative à la répression des infractions à la Convention internationale du 6 mai 1882 sur la police de la pêche dans la mer du Nord, en dehors des eaux territoriales. (*Loi du 15 janvier 1884, art. 5.*)

350.

PÉCULE MILITAIRE.

Sont exempts du droit de timbre :

§ 1er. Les actes de procédures relatives aux différents cas d'application de l'article 5 de la loi du 29 décembre 1918 sur le pécule militaire. (*Loi du 29 décembre 1918, art. 5.*)

§ 2. Tous les actes de la procédure accomplie en vue de faire prononcer, à la requête du Parquet ou de tout parent ou étranger à ce autorisé, la déchéance pour indignité des ayants droits légaux au pécule. (*Décret du 6 février 1919, art. 4.*)

351.

PENSIONS CIVILES ET MILITAIRES.

Sont dispensés du timbre :

§ 1er. La procuration que les sous-officiers et soldats en retraite ou en réforme donnent, à l'effet de toucher pour eux, à la caisse du payeur, les arrérages qui leur sont dus (*Décret du 21 décembre 1808, art. 1er.*)

§ 2. Les certificats de vie produits par les pensionnés militaires. (*Ordonnance du 20 juin 1817, art. 12.*)

§ 3. Les certificats délivrés par les maires ou les notaires aux titulaires de pensions inscrites au Grand-Livre de la dette viagère, ou à leurs représentants, lorsqu'ils ne savent ou ne peuvent signer, ou ne peuvent se déplacer et font encaisser les coupons de la pension par un tiers, en conformité de la loi du 5 septembre 1919. (*Loi du 5 septembre 1919, art. 3.*)

§ 4. Les pièces de procédure et le jugement relatifs à la déchéance du droit à la pension dans le sens du chapitre III de la loi du 31 mars 1919, ainsi que les décisions, les extraits et les copies qui en sont délivrés, les recours devant le Conseil d'État et généralement tous les actes de procédure auxquels donne lieu l'application de la même loi. Ces pièces doivent porter la mention expresse qu'elles sont faites en exécution de ladite loi. *Loi du 31 mars 1919, art. 24, 43 et 44.*)

§ 5. Les actes de procédure visés par l'article 2 de la loi du 14 mars 1915, relative aux droits à pension des fonctionnaires civils de l'État qui accomplissent en temps de guerre un service militaire, et de leurs veuves ou orphelins, dans les cas de blessures ou de décès résultant de ce service. (*Loi du 14 mars 1915, art. 2.*)

§ 6. Les cartes d'identité délivrées par les mairies, pour permettre aux pensionnés de l'État de toucher leur pension sans production d'un certificat de vie. (*Décret du 31 décembre 1921, art. 5.*)

§ 7. Les quittances des avances sur pensions faites par la Caisse nationale d'épargne, les caisses d'épargne ordinaires, les monts-de-piété et l'établissement des Invalides de la Marine. (*Loi du 26 juillet 1917, art. 10.*)

352.

PERMIS D'INHUMER.

Les permis d'inhumer prescrits par l'article 77 du Code civil sont établis sur papier libre. (*Voir ce texte.*)

PETITE PROPRIÉTÉ.

Voir *Habitations à bon marché.*

353.

PÉTITIONS.

Sont exceptées du droit et de la formalité du timbre les pétitions présentées au Sénat ou à la Chambre des Députés; celles qui ont pour objet des demandes de congés absolus et limités et de secours, et les pétitions des déportés et réfugiés des colonies tendant à obtenir des certificats de résidence, passeports et passages pour retourner dans leur pays. (*Loi du 13 brumaire an VII, art. 16, 1°, § 10.*)

PHARMACIE.

Voir *Élèves en pharmacie.*

PLACEMENT GRATUIT.

Voir *Demandes et offres d'emploi.*

354.

POLICE GÉNÉRALE.

§ 1er. Sont exceptés du droit et de la formalité du timbre les actes de police générale et de vindicte publique, et les copies des pièces de procédure criminelle, qui doivent être délivrées sans frais. (*Loi du 13 brumaire an VII, art. 16, 1°, § 11.*)

§ 2. Sont exemptées du timbre les cartes d'identité délivrées par mesure de police générale. (*Décret du 31 décembre 1921, art. 5.*)

355.

PONTS À PÉAGE.

Les actes de toute nature faits en vertu de la loi du 30 juillet 1880, qui détermine le mode de rachat des ponts à péage, sont dispensés du timbre. (*Loi du 30 juillet 1880, art. 5.*)

356.

PORTEURS DE CONTRAINTES.

Sont affranchis du timbre les procès-verbaux et actes des porteurs de contraintes, relatifs à leur séjour chez les percepteurs et chez les contribuables; mais le commandement qui précède les saisies et les ventes est assujetti au droit. (*Arrêté des Consuls du 16 thermidor an VIII, art. 29.*)

357.

POSTES ET TÉLÉGRAPHES.

§ 1er. Les procès-verbaux dressés en France pour constater la présence de timbres-poste étrangers contrefaits ou ayant servi, sur des correspondances adressées en France de l'extérieur, sont assimilés aux actes passés à l'étranger et, par suite, sont exempts de la formalité du timbre, à moins qu'il n'en soit fait usage en France. (*Loi du 13 avril 1892, art. 4.*)

§ 2. Les demandes adressées à l'Administration des Postes et Télégraphes pour obtenir, dans les limites du délai de prescription fixé par l'article 31 de la loi du 30 janvier 1907, le renouvellement du délai de validité des mandats périmés, sont dispensées du timbre. (*Loi du 31 juillet 1913, art. 20.*)

§ 3. Les cartes d'identité, délivrées par l'Administration des Postes dans les conditions déterminées par l'article 6 de la loi du 29 mars 1920, sont exemptes du timbre. (*Loi du 29 avril 1921, art. 15; Décret du 31 décembre 1921, art. 5.*)

358.

POUVOIRS PUBLICS.

Sont exceptés du droit et de la formalité du timbre :

§ 1er. Les actes du Sénat et de la Chambre des Députés et ceux du Pouvoir exécutif. (*Loi du 13 brumaire an VII, art. 16, 1°, § 1er.*)

§ 2. Les extraits, copies et expéditions qui s'expédient ou se délivrent par une administration ou un fonctionnaire public, à une autre administration publique ou à un fonctionnaire public, lorsqu'il y est fait mention de cette destination. (*Loi du 13 brumaire an VII, art. 16, § 2.*)

§ 3. Les affiches d'actes émanés de l'autorité publique. (*Loi du 9 vendémiaire an VI, art. 56.*)

§ 4. Les cartes d'identité dont les autorités constituées munissent certains fonctionnaires de l'ordre administratif ou judiciaire, à quelque service qu'ils appartiennent. (*Décret du 31 décembre 1921, art. 5.*)

11.

PRESTATIONS EN NATURE.

Voir *Conseil de Préfecture et Conseil d'État.*

PROPRIÉTÉ INDUSTRIELLE.

Voir *Office national de la propriété industrielle.*

PROPRIÉTÉ RURALE.

Voir *Régions dévastées et Remembrement.*

359.

PROSTITUTION DES MINEURS.

Les actes de procédure, jugements et arrêts prévus par la loi du 11 avril 1908 sur la prostitution des mineurs, ainsi que les contrats de placement prévus à l'article 4 de la même loi, sont exempts de tous droits de timbre. (*Loi du 11 avril 1908, art. 23.*)

PROTÊT.

Voir *Effets de commerce.*

360.

PUPILLES DE LA NATION.

Tous les actes ou pièces ayant exclusivement pour objet la protection des pupilles de la nation sont dispensés du timbre. (*Loi du 27 juillet 1917, art. 31.*)

Il en est ainsi, spécialement, de la requête auprès du tribunal civil en conformité du décret du 15 novembre 1917. (*Décret du 15 novembre 1917, art. 109.*)

QUITTANCES.

Voir *Contributions directes.* — *Faillite.* — *Indigents.* — *Objets de luxe.* — *Reçu.*

RÉCIPIENTS.

Voir *Reçu.*

RECONSTITUTION.

Voir *Régions dévastées.*

361.

RECRUTEMENT DE L'ARMÉE.

Tous les actes, de quelque nature qu'ils soient, faits pour l'exécution des articles 22 et 28 de la loi du 21 mars 1905 sur le recrutement de l'armée, sont visés pour timbre gratis. (*Loi du 7 août 1913, art. 48.*)

362.

REÇU.

Sont dispensés du timbre de quittance :

§ 1er. Les acquits inscrits sur les chèques, ainsi que sur les lettres de change, billets à ordre et autres effets de commerce assujettis au droit proportionnel :

§ 2. Les quittances de 10 francs et au-dessous, quand il ne s'agit pas d'un acompte ou d'une quittance finale sur une plus forte somme. (*Loi du 23 août 1871, art. 20.*)

§ 3. Les reçus ou décharges de toute nature, les reconnaissances et reçus donnés, soit par lettres, soit autrement, pour constater la remise d'effets de commerce à négocier, à accepter ou à encaisser. (*Loi du 30 mars 1872, art. 4.*)

§ 4. Les écrits ayant pour objet, soit la reprise des marchandises livrées à condition ou des enveloppes et récipients ayant servi à des livraisons, soit la déduction de la valeur des mêmes enveloppes ou récipients, que cette reprise ou cette déduction soit constatée par des pièces distinctes ou par des mentions inscrites sur les factures. (*Lois des 8 avril 1910, art. 24, et 13 juillet 1911, art. 9.*)

Voir *Contributions directes*. — *Faillite*. — *Indigents*. — *Objets de luxe*.

363.

RÉGIONS DÉVASTÉES.

§ 1er. Sont dispensées de la formalité du timbre les conventions passées par l'État avec des tiers en exécution des lois des 3 et 6 août 1917, relatives aux opérations d'achat et de cession en vue de la reconstitution agricole ou industrielle des départements victimes de l'invasion, ainsi que tous actes de marchés, d'achats ou de cessions passés par l'État ou pour son compte et ayant exclusivement pour objet les opérations prévues par ladite loi. (*Lois des 3 et 6 août 1917, art. 11.*)

§ 2. Sont dispensés de la formalités du timbre les actes des autorités administratives ayant exclusivement pour objet la location ou la vente, aux habitants des départements atteints par l'invasion, des baraquements ou tous autres édifices provisoires à usage d'habitation ou d'exploitation agricole.

Sont également dispensés des mêmes formalités les procès-verbaux, états descriptifs et autres actes, dressés en exécution de la loi du 5 juillet 1917, exclusivement relatifs à la constatation de l'état des lieux faite en vue de la réparation des dommages de guerre. (*Loi du 29 mars 1918, art. 4.*)

§ 3. Les décisions ainsi que les extraits ou copies, grosses ou expéditions qui en sont délivrés, et spécialement tous les actes de procédure auxquels donne lieu l'application de la loi du 17 avril 1919 sur la réparation des dommages causés par les faits de guerre, devant les commissions cantonales et devant le tribunal des dommages de guerre, sont dispensés de la formalité du timbre. Ils portent la mention expresse qu'ils sont faits en exécution de ladite loi.

Toutefois, au cas où les parties produiraient à l'appui de leurs prétentions des actes et titres rédigés sur papier non timbré, contrairement aux prescriptions des lois sur le timbre, la commission cantonale ou le tribunal des dommages de guerre doivent, conformément à l'article 16 de la loi du 23 août 1871, ordonner d'office le dépôt de ces actes au greffe pour être immédiatement soumis à la formalité du timbre.

Les actes constatant la cession ou la délégation prévue par l'article 49 de la loi susvisée, dans le cas visé dans cet article, sont exempts de tous droits de timbre.

La disposition qui précède est applicable lorsque la cession est faite à une société de crédit immobilier, à une coopérative ou à une société d'habitations à bon marché ayant assumé les charges de la reconstitution de l'immeuble, ou encore à l'une des sociétés ou œuvres de bienfaisance spécialement agréées à cet effet par le Ministre chargé de la reconstitution des régions libérées. (*Lois des 17 avril 1919, art. 35 et 49, et 30 avril 1921, art. 7 à 9.*)

§ 4. Sont exemptés du timbre :

1° Les actes ayant pour objet la constitution de groupements de sinistrés en vue des opérations prévues à l'article 155 de la loi du 31 juillet 1920 ;

2° Les actes constatant les conventions passées entre l'État et les sinistrés ou groupements de sinistrés, ainsi que leurs cessionnaires ou délégataires, conformément à l'article 152 de ladite loi, ainsi que tous les actes relatifs aux cessions, transferts ou transports à titre onéreux des annuités dues en vertu de ces conventions ;

3° Les actes afférents aux emprunts contractés par les sinistrés et groupements de sinistrés, ainsi que par leurs cessionnaires ou délégataires, et pour lesquels les annuités ont été données en garantie. (*Loi du 31 juillet 1920, art. 157.*)

§ 5. Sont dispensés des formalités et exempts des droits de timbre les actes nécessaires à la constitution, à la modification et à la dissolution des groupements de reconstitution des immeubles atteints par les événements de guerre, et visés dans la loi du 15 août 1920, à la condition que ces actes remplissent les conditions prévues à l'article 68, § 3, n° 4, de la loi du 22 frimaire an VII, ainsi que tous les actes quelconques passés par ces groupements ou leurs adhérents pour leur fonctionnement et la réalisation de leur objet. (*Loi du 15 août 1920, art. 10.*)

Les mandats de gestion donnés par les sinistrés qui adhèrent aux sociétés coopératives de reconstruction approuvées de percevoir et d'administrer leurs indemnités pour dommages de guerre, dans les conditions prévues par la loi du 15 août 1920, sont exempts de tous droits. Ils devront indiquer les biens dont les dommages donnent lieu à des indemnités, le montant des indemnités engagées dans la société, la nature des travaux à exécuter, ainsi que les sommes par eux dues ou qui leur sont réclamées pour travaux de reconstruction antérieurement effectués. (*Loi du 12 juillet 1921, art. 1ᵉʳ.*)

§ 6. Les libéralités, dons et legs faits aux unions, sociétés coopératives de reconstruction visées par la loi du 12 juillet 1921, sont exempts de tous droits de timbre. (*Loi du 12 juillet 1921, art. 13.*)

§. 7. Sont exempts de tous droits de timbre les plans, procès-verbaux, certificats, significations, délibérations, décisions, jugements, contrats, quittances, et généralement tous les actes ou formalités exclusivement relatifs à l'application de la loi du 4 mars 1919 sur la délimitation, le lotissement et le remembrement des propriétés foncières dans les régions dévastées par le fait de la guerre, ainsi que les extraits, copies ou expéditions délivrés pour l'exécution des diverses opérations prévues par ladite loi.

Pour bénéficier de ces exonérations, les actes et documents susvisés doivent porter la mention expresse qu'ils sont établis pour l'application de la loi du 4 mars 1919.

Au cas où les parties produiraient, au cours des opérations, des actes et titres rédigés sur papier non timbré contrairement aux prescriptions des lois sur le timbre, les commissions de reconstitution foncière ou les tribunaux civils devront, conformément à l'article 16 de la loi du 23 août 1871, ordonner d'office le dépôt de ces actes au secrétariat ou au greffe pour être immédiatement soumis à la formalité du timbre. (*Loi du 29 avril 1921, art. 52.*)

§ 8. Les actes faits, les copies et pièces justificatives fournies en exécution de la loi du 19 juillet 1921 relative notamment à la reconstitution des comptes des dépôts et consignations détruits au cours de la guerre 1914-1919, ainsi que tous actes de procédure et d'instance auxquels elle donnerait lieu, sont dispensés des droits de timbre.

Il en est de même pour les actes portant mainlevée des oppositions que la Caisse des dépôts et consignations aurait inscrites d'office, s'il est justifié que la mainlevée avait été donnée au plus tard aux dates respectivement fixées à l'article 1er de la loi du 19 juillet 1921. (*Loi du 19 juillet 1921, art. 9.*)

§ 9. L'expédition de l'attestation requise, aux termes de l'article 12 de la loi du 19 juillet 1921, des déposants d'une caisse d'épargne ordinaire dont les archives ont été entièrement ou partiellement détruites ou ont disparu par suite de la guerre, doit être délivrée sur papier libre.

Les divers actes et formalités prévus par les dispositions de l'article 12 précité de la loi du 19 juillet 1921 sont exempts de tous droits de timbre.

Les héritiers ou ayants cause des titulaires de livrets perdus devront, pour en obtenir le remboursement, produire, outre l'attestation susvisée, des actes de notoriété et certificats de propriété qui seront visés pour timbre gratis.

Les dispositions qui précédent ne sont pas applicables aux reconstitutions de comptes qui auront été effectuées antérieurement à la promulgation de la loi du 19 juillet 1921. (*Loi du 19 juillet 1921, art. 12.*)

§ 10. Sont exempts de tous droits de timbre les plans, procès-verbaux, certificats, significations, jugements, contrats, quittances et, généralement, tous les actes et formalités exclusivement relatifs à l'application des articles 1er, 2, 3 et 5 de la loi du 27 juillet 1921, facilitant l'acquisition, par les communes dévastées, des immeubles endommagés compris dans les plans d'alignement. Pour bénéficier de cette exonération, les actes et documents susvisés doivent porter la mention expresse qu'ils sont établis pour l'application desdits articles de la loi du 27 juillet 1921. (*Loi du 27 juillet 1921, art. 5.*)

Voir *Crédit national.*

REGISTRE.

Voir *Acte administratif.*

364.

REGISTRE DU COMMERCE.

Sont dispensés du timbre : les déclarations visées par les articles 4, 6 et 9 de la loi du 18 mars 1919, tendant à la création d'un registre du commerce, ainsi que les lettres recommandées prévues par l'article 13, les registres de formalités, et les certificats et récépissés délivrés par le greffier. (*Loi du 18 mars 1919.*)

RÈGLEMENT TRANSACTIONNEL ENTRE COMMERÇANTS.

Voir *Guerre.*

365.

RÉHABILITATION.

Sont dispensés du timbre :

§ 1er. La procédure de réhabilitation prévue par les articles 604 à 612 du Code de Commerce. (*Loi du 23 mars 1908, art. 5.*)

§ 2. Tous les actes de la procédure instituée par la loi du 19 mars 1919 sur la réhabilitation en temps de guerre des condamnés, ainsi que le pourvoi formé par le condamné ou ses héritiers. (*Loi du 19 mars 1919, art. 4.*)

366.

REMEMBREMENT.

Les plans, procès-verbaux, certificats, significations, délibérations, décisions, jugements, contrats, quittances et généralement tous les actes ou formalités exclusivement relatifs à l'application de la loi du 27 novembre 1918, ayant pour objet de faciliter le remembrement de la propriété rurale, sont exempts de tous droits de timbre, ainsi que les extraits, copies ou expéditions qui en sont délivrés pour l'exécution de la loi. Pour bénéficier de cette exonération, les actes ou réquisitions de formalités doivent porter la mention expresse qu'ils sont faits par application de la loi du 27 novembre 1918.

Au cas où les parties produiraient, devant la commission instituée par l'article 4 de la loi, des actes et titres rédigés sur papier non timbré, contrairement aux prescriptions des lois sur le timbre, la commission devrait, conformément à l'article 16 de la loi du 23 août 1871, ordonner d'office le dépôt de ces actes pour être immédiatement soumis à la formalité du timbre. (*Loi du 12 août 1919, art. 7.*)

Voir *Régions dévastées.*

RENTES SUR L'ÉTAT.

Voir *Dette publique.*

RENTES VIAGÈRES.

Voir *Caisse des retraites.*

367.

RÉPERTOIRES.

Sont établis sur papier non timbré les répertoires que les huissiers et les greffiers tiennent, sous les sanctions édictées par la loi du 26 janvier 1892 (15 francs d'amende, décimes compris), et sur lesquels ils inscrivent jour par jour, sans blanc ni interligne et par ordre de numéros, tous les actes, exploits, jugements et arrêts qui sont dispensés des formalités du timbre et de l'enregistrement, ainsi que les bulletins n° 3 du casier judiciaire par eux délivrés. (*Lois des 26 janvier 1892, art. 19, et 31 juillet 1920, art. 25.*)

Voir *Accidents du travail. — Mutation par décès.*

REQUÊTES.

Voir *Conseil de préfecture et Conseil d'État. — Contributions directes.*

368.

RÉQUISITIONS MILITAIRES ET CIVILES.

Les procès-verbaux, certificats, significations, jugements, contrats, quittances et autres actes faits en vertu de la loi du 3 juillet 1877 sur les réquisitions militaires et exclusivement relatifs au règlement de l'indemnité, sont dispensés du timbre. (*Loi du 18 décembre 1878.*)

Il en est de même de tous les actes et procès-verbaux dressés en vertu de l'article 14 de la loi précitée en 1877, modifié par la loi du 20 juillet 1918, relativement aux dégâts et dommages commis aux propriétés par les troupes logées et cantonnées chez l'habitant et au règlement des indemnités de réquisition. (*Loi du 20 juillet 1918, art. 5.*)

Sont également dispensés des droits et formalités de timbre tous actes ou contrats ayant pour objet des opérations prévues par les lois des 3 août 1917 et 23 novembre 1918 en ce qui concerne les réquisitions civiles et, par la dernière de ces lois, en ce qui concerne les acquisitions relatives à la chaussure nationale. (*Loi du 23 novembre 1918, art. 7.*)

369.

RETRAITES OUVRIÈRES ET PAYSANNES.

§ 1er. Les certificats, actes de notoriété et toutes autres pièces exclusivement relatives à l'exécution de la loi du 5 avril 1910 sur les retraites ouvrières et paysannes, sont dispensés du droit de timbre.

Il en est ainsi notamment :

a. Du recours au Conseil d'État, prévu par les articles 17 et 22 de ladite loi ;

b. Des actes relatifs aux prêts visés par l'article 19;

c. Des documents et des pièces à produire dans la procédure visée dans les articles 22 et 33;

d. Ainsi que des diverses pièces visées dans les articles 196, 197 et 198 du décret du 25 mars 1911 rendu pour l'exécution de la loi précitée. (*Loi du 5 avril 1910, et décret du 25 mars 1911.*)

§ 2. Les affiches, imprimées ou non, apposées par les caisses d'assurances visées à l'article 14 de la loi du 5 avril 1910–27 février 1912 sur les retraites ouvrières et ayant pour objet exclusif la vulgarisation des statuts, comptes rendus et conditions de fonctionnement de ces caisses en conformité de la loi du 5 avril 1910. (*Loi du 17 août 1915.*)

370.

RÔLES.

Sont exceptés du droit et de la formalité du timbre :

§ 1er. Les rôles qui sont fournis pour l'appel des causes:

§ 2. Les rôles émis pour le recouvrement des licences municipales dont l'établissement est autorisé par l'article 5, § 2, de la loi du 29 décembre 1897, en addition au droit de licence perçu pour le compte du Trésor. (*Loi du 14 décembre 1900.*)

RUES ET PLACES PUBLIQUES.

Voir *Expropriation.*

371.

SAISIE-ARRÊT DE SALAIRES.

Il est tenu au greffe de chaque justice de paix un registre sur papier non timbré, coté et paraphé par le juge de paix, et sur lequel sont mentionnés tous les actes, d'une nature quelconque, décisions et formalités auxquels donne lieu l'exécution de la section ci-après visée du Code du travail et de la prévoyance sociale.

Tous les actes, décisions et formalités visés dans l'article 72 du livre Ier du Code du travail et de la prévoyance sociale sont rédigés sur papier non timbré, ainsi que leurs copies prévues dans la section I du chapitre IV, titre III, livre Ier, du même Code, relative à la saisie-arrêt et à la cession des petits salaires et petits traitements.

Les lettres recommandées, les procurations du saisi et du tiers saisi et les quittances données au cours de la procédure, sont exemptes de tout droit de timbre. (*Loi du 17 juillet 1921, art. 1er; art. 72 et 73 nouveaux du Code du travail et de la prévoyance sociale.*)

SAPEURS-POMPIERS.

Voir *Caisse nationale d'assurances.*

372.

SÉPARATION DES ÉGLISES ET DE L'ÉTAT.

Sont affranchis du droit de timbre les arrêtés et décrets, les transferts, transcriptions et mainlevées, mentions et certificats opérés ou délivrés en vertu des arrêtés et décrets ou des décisions de justice mentionnés dans l'article 10, § 2, de la loi du 9 décembre 1905 sur la séparation des Églises et de l'État, modifié par la loi du 13 avril 1908.

Il en est de même du mémoire justificatif déposé par le créancier en vertu des articles 9 et 10 de la même loi. (*Loi du 9 décembre 1905.*)

SÉPULTURES MILITAIRES.

Voir *Guerre.*

SINISTRÉS.

Voir *Régions dévastées.*

373.

SOCIÉTÉS ANONYMES À PARTICIPATION OUVRIÈRE.

Les statuts ou actes d'augmentation de capital exclusivement applicables aux actions de travail dans les sociétés qui se conforment aux dispositions de la loi du 26 avril 1917 sur les sociétés anonymes à participation ouvrière, sont affranchis des droits de timbre. (*Loi du 26 avril 1917, art. 80.*)

SOCIÉTÉS DE BAINS-DOUCHES ET DE JARDINS OUVRIERS.

Voir *Habitations à bon marché.*

SOCIÉTÉS COOPÉRATIVES DE RECONSTRUCTION.

Voir *Régions dévastées.*

374.

SOCIÉTÉS DE SECOURS MUTUELS.

Tous les actes intéressant les sociétés de secours mutuels et les réunions de sociétés prévues à l'article 8 de la loi du 1ᵉʳ avril 1898, qui auront fait approuver leurs statuts par arrêtés ministériels, sont exempts des droits de timbre.

Sont également exempts du droit de timbre de quittance les reçus de cotisations des membres honoraires ou participants, les reçus des sommes versées aux pensionnaires, ainsi que les registres à souche qui servent au payement des journées de maladie.

Cette disposition n'est pas applicable aux actes portant transmission de propriété, d'usufruit ou de jouissance de biens meubles et immeubles.

Les certificats, actes de notoriété et autres pièces exclusivement relatives à l'exécution des lois des 11 juillet 1868, 20 juillet 1886 et 1ᵉʳ avril 1898, sont délivrés gratuitement et exempts des droits de timbre.

Les sociétés reconnues comme établissements d'utilité publique jouissent des avantages accordés aux sociétés approuvées.

Les sociétés de secours mutuels qui accordent à leurs membres ou à quelques-uns seulement des indemnités moyennes ou supérieures à 5 francs par jour, des allocations annuelles ou des pensions supérieures à 360 francs et des capitaux en cas de vie ou de décès supérieurs à 3,000 francs, ne bénéficient pas des avantages indiqués dans le présent texte. (*Loi du 1ᵉʳ avril 1898, art. 16, 19, 28 et 33.*)

Voir *Caisse des retraites.*

SUCCESSIONS DE MILITAIRES.

Voir *Guerre.*

TAXES ASSIMILÉES.

Voir *Conseil de Préfecture.* — *Contributions directes.*

TESTAMENTS DE MILITAIRES.

Voir *Guerre.*

375.

TRAVAIL DES ENFANTS.

Les certificats visés par l'article 2 de la loi du 22 mars 1841 constatant l'âge des enfants employés dans l'industrie et délivrés par l'officier de l'état civil sont établis sur papier libre. (*Loi du 22 mars 1841, art. 2.*)

Il en est de même des certificats visés dans l'article 9 de la loi du 19 mai 1874, constatant que ces enfants ont acquis l'instruction primaire élémentaire. (*Loi du 19 mai 1874, art. 9.*)

TRAVAILLEURS ÉTRANGERS.

Voir *Indigents.*

376.

TRÉSOR PUBLIC.

§ 1er. — Sont dispensés du droit et de la formalité du timbre les effets publics, spécialement les mandats et les traites du Trésor sur les départements, les traites du caissier central du Trésor sur lui-même pour le service des armées et des colonies, et tous autres effets ou valeurs négociables créés et émis directement par le Trésor public.

Sont assimilés aux effets du Trésor, et à ce titre sont également exceptés du droit et de la formalité du timbre, les mandats tirés par les receveurs généraux et servant de moyen de transmission ou de virement des sommes affectées :

A la caisse d'amortissement et à celle des Dépôts et Consignations;

A la solde des troupes de terre et de mer;

Aux fonds de masse des corps de troupes de la guerre et de la marine;

Au service des subsistances militaires;

Au service des invalides de la marine;

Au service du génie et de l'artillerie;

Au service des hôpitaux militaires et de la marine;

Au service de l'instruction publique;

Aux masses des condamnés libérés;

Aux dépenses des aliénés, enfants trouvés et hospices;

Aux pensions des élèves entretenus dans les écoles militaires et des arts et métiers;

Et généralement aux services publics et de bienfaisance déterminés par les instructions du Ministre des Finances et qui sont exécutés par le Trésor. (*Loi du 13 brumaire an VII, art. 16, n° 1, § 3, et Ordonnance du 10 octobre 1834, art. 1er et 2.*)

§ 2. — Le bon de monnaie délivré en exécution de l'article 3 de la loi du 31 juillet 1879 contre le versement des matières d'or ou d'argent est, comme les effets négociables du Trésor, exempté du droit et de la formalité du timbre. (*Loi du 31 juillet 1879, art. 3.*)

377.

TRIBUNAUX.

Sont dispensés du droit et de la formalité du timbre les registres des tribunaux où il ne se transcrit aucune minute d'actes soumis à la formalité de l'enregistrement. (*Loi du 13 brumaire, an VII, art. 16, 2°, § 2.*)

Voir *Rôles.*

TRIBUNAUX DE COMMERCE.

Voir *Élections.*

378.

TRIBUNAUX MARITIMES COMMERCIAUX.

Les actes de la procédure devant les tribunaux maritimes commerciaux sont dispensés du timbre. (*Décret du 24 mars 1852, art. 46.*)

379.

TRIBUNAUX POUR ENFANTS.

Sont dispensés du timbre les actes de procédure, les décisions ainsi que les contrats de placement prévus par la loi du 22 juillet 1912 sur les tribunaux pour enfants. (*Loi du 22 juillet 1912, art. 13.*)

380.

TUTELLE.

Sont dispensés du timbre les états de situation de gestion que tout tuteur autre que le père et la mère peut être tenu, même durant la tutelle, de remettre au subrogé tuteur, en conformité de l'article 470 du Code civil. (*Voir ce texte.*)

UNIVERSITÉ.

Voir *Diplômes.*

381.

VENTES D'IMMEUBLES.

§ 1er. — Sont affranchis du timbre les minutes, originaux et expéditions des actes ou procès-verbaux de vente, licitation, ou échange d'immeubles, ainsi que les cahiers de charges relatifs à ces mutations.

L'exemption du timbre n'est pas applicable aux actes, procès-verbaux et cahiers de charges spécifiés à l'alinéa précédent, qui contiennent des dispositions indépendantes dans le sens de l'article 11 de la loi du 22 frimaire an VII. Pourtant, ne peuvent pas être considérées comme dispositions indépendantes, la procuration donnée dans l'un de ces actes pour toucher le prix ou la soulte, ou vendre les immeubles compris sur un cahier de charges ou procès-verbal de mise en vente, ainsi que toute déclaration de command contenue en l'acte même, ou encore tout payement par subrogation effectué par un tiers en l'acquit de l'acquéreur. (*Loi du 22 avril 1905, art. 6 et 7.*)

§ 2. — Les pièces justificatives visées par le décret du 3 décembre 1918, article 1er, rendu pour l'application de la loi du 9 avril 1918, relative à l'acquisition de petites propriétés rurales par les pensionnés militaires et les victimes de la guerre, sont établies sur papier libre et déposées au bureau de l'enregistrement. (*Décret du 3 décembre 1918, art. 1er.*)

382.

VENTES JUDICIAIRES D'IMMEUBLES.

Tous les actes de la procédure d'opposition en matière de restitutions sur les ventes judiciaires d'immeubles susceptibles de bénéficier de la loi du 23 octobre 1884, ainsi que les extraits des ordres de restitution, sont établis sans frais. (*Loi du 23 octobre 1884, art. 4, § 1er et 2.*)

VENTE DE NAVIRES DE LA FLOTTE D'ÉTAT.

Voir *Guerre.*

VICTIMES CIVILES DE LA GUERRE.

Voir *Guerre.*

VIEILLARDS INFIRMES ET INCURABLES.

Voir *Assistance aux vieillards.*

VOIE PUBLIQUE.

Voir *Expropriation.*

383.

VOYAGEURS DE COMMERCE.

Les certificats d'origine pour les marchandises françaises destinées à l'exportation et les cartes de légitimation exigées des commis-voyageurs à l'étranger, qui sont délivrées par les chambres de commerce en exécution de l'article 16 de la loi du 9 avril 1898, sont dispensés du timbre. (*Loi du 25 février 1901, art. 23.*)

384.

WARRANTS AGRICOLES ET HÔTELIERS.

Sont dispensés du timbre les lettres et accusés de réception, les renonciations, acceptations et consentements prévus aux articles 2, 3, 10 et 11 de la loi du 30 avril 1906 sur les warrants agricoles, le registre sur lequel les warrants sont inscrits, la copie des inscriptions d'emprunt, le certificat négatif, et le certificat de radiation mentionnés aux articles 6 et 7 de la même loi.

Il en est de même des pièces de même nature relatives aux warrants hôteliers. (*Lois des 30 avril 1906, art. 17, et 8 août 1913, art. 15.*)

TABLE ALPHABÉTIQUE.

A

13